EinFach Deutsch

Unterrichtsmodell

Morton Rhue

Ich knall euch ab!

Erarbeitet von
Simone große Holthaus

Herausgegeben von
Johannes Diekhans

Baustein 3: Mobbing und virtuelle Gewalt (S. 54–77 im Modell)

3.1	Mobbing	ges. Text	Textarbeit Arbeitsblatt 13 Tafelskizze Arbeitsblatt 14 Arbeitsblatt 15 Arbeitsblatt 16 Arbeitsblatt 17 Arbeitsblatt 18 Arbeitsblatt 19 Schreibauftrag
3.2	Virtuelle Gewalt	ges. Text	Textarbeit Arbeitsblatt 20 Arbeitsblatt 21 Arbeitsblatt 22 Arbeitsblatt 23 Arbeitsblatt 24 Arbeitsblatt 25 Schreibauftrag

Baustein 4: Erörterung der Ursachen für einen Schul-Amok (S. 78–97 im Modell)

4.1	Lineare Erörterung: Mobbing oder virtuelle Gewalt als Auslöser für einen Schul-Amok	ges. Text	Schreibauftrag szenisches Spiel Arbeitsblatt 26 Arbeitsblatt 27 Arbeitsblatt 28 Arbeitsblatt 29 Arbeitsblatt 30 Arbeitsblatt 31 Mal- und Zeichenauftrag
4.2	Dialektische Erörterung: Gründe für Gewaltausbrüche bei Jugendlichen	ges. Text	Schreibauftrag Tafelskizze Mal- und Zeichenauftrag
4.3	Textgebundene Erörterung: Ursachen für einen Schul-Amok	Textausgabe S. 146–152 ges. Text	Textarbeit Schreibauftrag Arbeitsblatt 32 Tafelskizze Mal- und Zeichenauftrag

Ich knall euch ab!

Baustein 1: Der Einstieg in die Lektüre (S. 15–26 im Modell)			
1.1	Der Einstieg über die Presse: Person, Tat und Motive des Amokschützen von Emsdetten	ges. Text	Textarbeit Arbeitsblatt 1
1.2	Der Einstieg über die Musik: Bohemian Rhapsody von Queen	Tonträger ges. Text	Hörauftrag Textarbeit Arbeitsblatt 2 Arbeitsblatt 3 Tafelskizze
1.3	Der Einstieg über den Romaninhalt: Der Klappentext	ges. Text	Schreibauftrag Arbeitsblatt 4

Baustein 2: Die Personen des Romans (S. 27–53 im Modell)			
2.1	Robert Steinhäuser	ges. Text	Textarbeit Arbeitsblatt 5
2.2	Parallelen zwischen Gary Searle, Brendan Lawlor und Robert Steinhäuser	Textausgabe S. 14–24 Textausgabe S. 10, 19 Textausgabe S. 57f., 68–71f., 78f., 89f. ges. Text	Textarbeit Arbeitsblatt 6 Arbeitsblatt 7 Tafelskizze Schreibauftrag Tafelskizze Arbeitsblatt 8
2.3	Die Entwicklung von Gary Searle und Brendan Lawlor zu Amokläufern	Textausgabe S. 25–95 ges. Text	Textarbeit Tafelskizze szenisches Spiel
2.4	Die Personen des Romans und ihr Verhältnis zueinander	ges. Text	szenisches Spiel Arbeitsblatt 9 Arbeitsblatt 10 Mal- und Zeichenauftrag Tafelskizze
2.5	Mögliche Tatmotive von Gary Searle und Brendan Lawlor	ges. Text	Textarbeit Arbeitsblatt 11 Tafelskizze Arbeitsblatt 12 Tafelskizze Schreibauftrag

Bildnachweis:

|Alamy Stock Photo (RMB), Abingdon/Oxfordshire: UPI 74. |AP Photo, New York: 21. |Gust, Dietmar, Berlin: 104. |Picture-Alliance GmbH, Frankfurt a.M.: dpa 20; dpa/epa PA 24; dpa/Weihrauch, Roland 21; ZB/Woitas, Jan 104. |Ravensburger Verlag GmbH, Ravensburg: Morton Rhue, Ich knall euch ab. Umschlagentwurf: init, Bielefeld © 2002 by Ravensburger Buchverlag Otto Maier GmbH, Ravensburg 9, 26. |stock.adobe.com, Dublin: pressmaster 63; terovesalainen 70. |Wildlife Bildagentur GmbH, Hamburg: J.Guentherschulze 64.

westermann GRUPPE

© 2008 Bildungshaus Schulbuchverlage Westermann Schroedel Diesterweg Schöningh Winklers GmbH,
Georg-Westermann-Allee 66, 38104 Braunschweig
www.westermann.de

Das Werk und seine Teile sind urheberrechtlich geschützt. Jede Nutzung in anderen als den gesetzlich zugelassenen bzw. vertraglich zugestandenen Fällen bedarf der vorherigen schriftlichen Einwilligung des Verlages. Nähere Informationen zur vertraglich gestatteten Anzahl von Kopien finden Sie auf www.schulbuchkopie.de.

Für Verweise (Links) auf Internet-Adressen gilt folgender Haftungshinweis: Trotz sorgfältiger inhaltlicher Kontrolle wird die Haftung für die Inhalte der externen Seiten ausgeschlossen. Für den Inhalt dieser externen Seiten sind ausschließlich deren Betreiber verantwortlich. Sollten Sie daher auf kostenpflichtige, illegale oder anstößige Inhalte treffen, so bedauern wir dies ausdrücklich und bitten Sie, uns umgehend per E-Mail davon in Kenntnis zu setzen, damit beim Nachdruck der Verweis gelöscht wird.

Druck A^4 / Jahr 2022
Alle Drucke der Serie A sind im Unterricht parallel verwendbar.

Umschlaggestaltung: Jennifer Kirchhof
Druck und Bindung: Westermann Druck GmbH, Georg-Westermann-Allee 66, 38104 Braunschweig

ISBN 978-3-14-022404-8

Vorwort

Der vorliegende Band ist Teil einer Reihe, die Lehrerinnen und Lehrern erprobte und an den Bedürfnissen der Schulpraxis orientierte Unterrichtsmodelle zu ausgewählten Ganzschriften und weiteren relevanten Themen des Faches Deutsch bietet.
Im Mittelpunkt der Modelle stehen Bausteine, die jeweils thematische Schwerpunkte mit entsprechenden Untergliederungen beinhalten.
In übersichtlich gestalteter Form erhält der Benutzer/die Benutzerin zunächst einen Überblick zu den im Modell ausführlich behandelten Bausteinen.

Es folgen:

- Hinweise zu den Handlungsträgern
- Zusammenfassung des Inhalts und der Handlungsstruktur
- Vorüberlegungen zum Einsatz des Buches im Unterricht
- Hinweise zur Konzeption des Modells
- Ausführliche Darstellung der einzelnen Bausteine
- Zusatzmaterialien

Ein besonderes Merkmal der Unterrichtsmodelle ist die Praxisorientierung. Enthalten sind kopierfähige Arbeitsblätter, Vorschläge für Klassen- und Kursarbeiten, Tafelbilder, konkrete Arbeitsaufträge, Projektvorschläge. Handlungsorientierte Methoden sind in gleicher Weise berücksichtigt wie eher traditionelle Verfahren der Texterschließung und -bearbeitung.
Das Bausteinprinzip ermöglicht es dabei den Benutzern, Unterrichtsreihen in unterschiedlicher Weise und mit unterschiedlichen thematischen Akzentuierungen zu konzipieren. Auf diese Weise erleichtern die Modelle die Unterrichtsvorbereitung und tragen zu einer Entlastung der Benutzer bei.

Das vorliegende Modell bezieht sich auf folgende Textausgabe: Morton Rhue: Ich knall euch ab! Ravensburger Buchverlag, Ravensburg 2002, ISBN: 978-3-473-58172-6

 Arbeitsfrage

 Einzelarbeit

 Partnerarbeit

 Gruppenarbeit

 Unterrichtsgespräch

 Schreibauftrag

 szenisches Spiel, Rollenspiel

 Mal- und Zeichenauftrag

 Bastelauftrag

 Projekt, offene Aufgabe

Inhaltsverzeichnis

1. **Die wichtigsten Personen** 10

2. **Inhalt** 11

3. **Vorüberlegungen zum Einsatz des Romans im Unterricht** 12

4. **Konzeption des Unterrichtsmodells** 14

5. **Die thematischen Bausteine des Unterrichtsmodells** 15

    Baustein 1: Der Einstieg in die Lektüre 15
    1.1 Der Einstieg über die Presse: Person, Tat und Motive des Amokschützen von Emsdetten 15
    1.2 Der Einstieg über die Musik: Bohemian Rhapsody von Queen 17
    1.3 Der Einstieg über den Romaninhalt: Der Klappentext 18
    Arbeitsblatt 1: Person, Tat und Motive des Amokschützen von Emsdetten 20
    Arbeitsblatt 2: Bohemian Rhapsody 24
    Arbeitsblatt 3: Mögliche Parallelen zwischen dem „einfachen" Jungen aus „Bohemian Rhapsody" und Gary Searle 25
    Arbeitsblatt 4: Der Klappentext 26

    Baustein 2: Die Personen des Romans 27
    2.1 Robert Steinhäuser 27
    2.2 Parallelen zwischen Gary Searle, Brendan Lawlor und Robert Steinhäuser 28
    2.3 Die Entwicklung von Gary Searle und Brendan Lawlor zu Amokläufern 33
    2.4 Die Personen des Romans und ihr Verhältnis zueinander 35
    2.5 Mögliche Tatmotive von Gary Searle und Brendan Lawlor 37
    Arbeitsblatt 5: Das Spiel seines Lebens 41
    Arbeitsblatt 6: Steckbriefe von Gary Searle und Brendan Lawlor 46
    Arbeitsblatt 7: Die Chatsprache 48
    Arbeitsblatt 8: Gary Searle und Brendan Lawlor als Typen 49
    Arbeitsblatt 9: Die szenische Interpretation: Das Standbild 50
    Arbeitsblatt 10: Personenverzeichnis für die Entwicklung der Standbilder 51
    Arbeitsblatt 11: Mögliche Tatmotive von Gary und Brendan 52
    Arbeitsblatt 12: Rede von Bundespräsident Johannes Rau zum Gedenken an die Opfer des Mordanschlags, gehalten am 3. Mai 2002 vor dem Dom zu Erfurt (Auszug) 53

    Baustein 3: Mobbing und virtuelle Gewalt 54
    3.1 Mobbing 54
    3.2 Virtuelle Gewalt 58
    Arbeitsblatt 13: Trends der Werteentwicklung bei Jugendlichen 61
    Arbeitsblatt 14: Veränderte Kindheit und Jugend 62
    Arbeitsblatt 15: Peer-Groups 63
    Arbeitsblatt 16: Verhalten in Gruppen: Hackordnung 64
    Arbeitsblatt 17: Der Teufelskreis von Frustration und Aggression 65
    Arbeitsblatt 18: Schul-Amok (School Shooting) 66

Arbeitsblatt 19: Der Fragebogen 67
Arbeitsblatt 20: Gewalt in den Medien 69
Arbeitsblatt 21: Ego-Shooter 70
Arbeitsblatt 22: Beispiel: Counter-Strike 72
Arbeitsblatt 23: Modelllernen nach Bandura 74
Arbeitsblatt 24: Schul-Amok (School Shooting) 75
Arbeitsblatt 25: Der Fragebogen 76

Baustein 4: Erörterung der Ursachen für einen Schul-Amok 78
4.1 Lineare Erörterung: Mobbing oder virtuelle Gewalt als Auslöser für einen Schul-Amok 78
4.2 Dialektische Erörterung: Gründe für Gewaltausbrüche bei Jugendlichen 80
4.3 Textgebundene Erörterung: Ursachen für einen Schul-Amok 85
Arbeitsblätter 26–31: Vorbereitung einer Talkshow 90
Arbeitsblatt 32: Erfurt und die Folgen 96

6. Zusatzmaterial 98

Z1: Rede von Bundespräsident Johannes Rau zum Gedenken an die Opfer des Mordanschlags, gehalten vor dem Dom zu Erfurt am 3.5.2002 98
Z2: Mobbing und der Weg heraus 101
Z3: Anregungen für den Fragebogen „Mobbing" 103
Z4: Screenshots von Counterstrike 104
Z5: Anregungen für den Fragebogen „Virtuelle Gewalt" 105
Z6: Klassenarbeitsvorschläge 106

Ich knall euch ab!

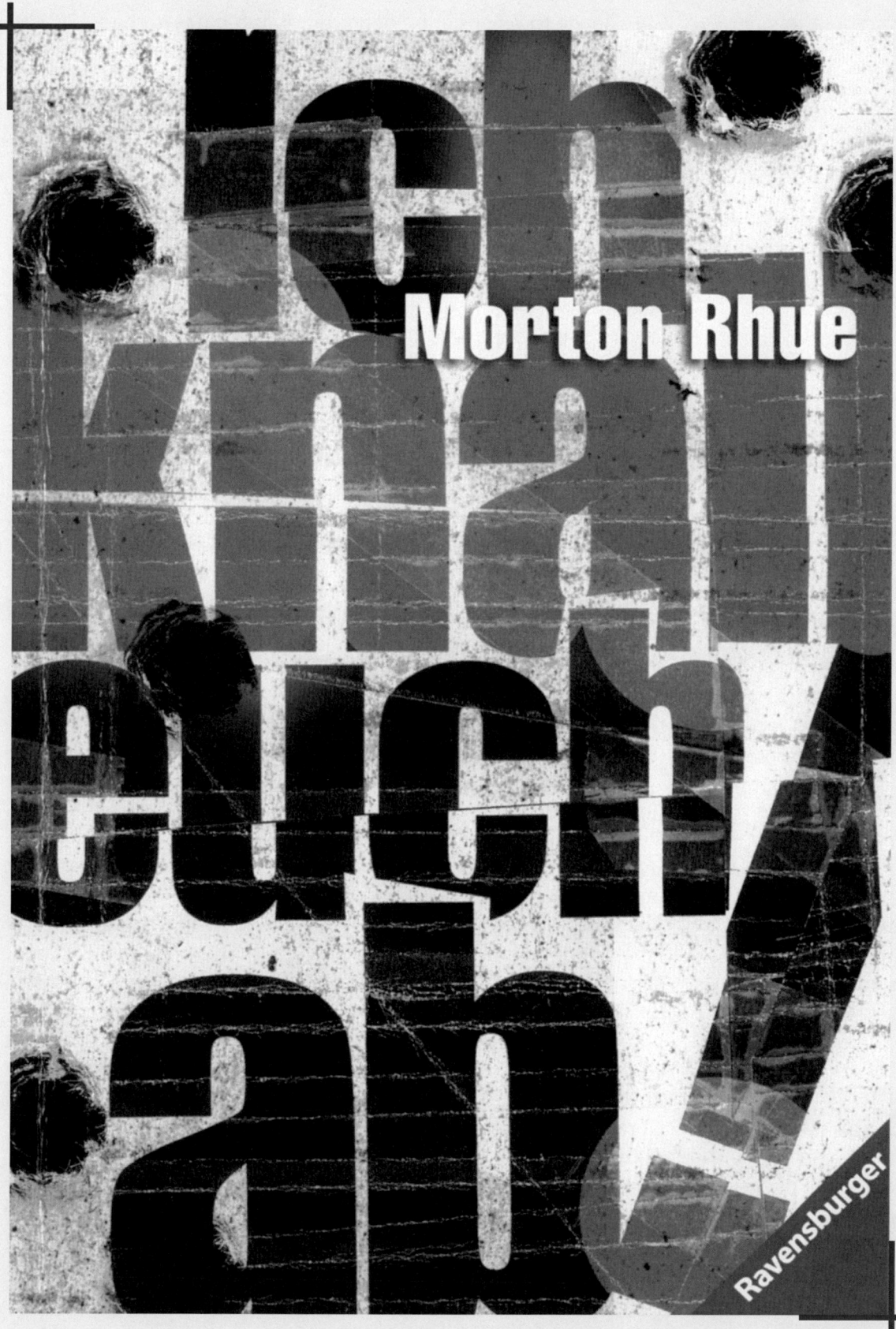

„Für ein Ende der Jugendgewalt"

Die wichtigsten Personen

Gary Searle: Gary Searle ist einer der beiden Protagonisten des Romans. Er wird aufgrund seines Übergewichts schon früh gehänselt. Personen aus seinem Umfeld beschreiben ihn als ruhig, introvertiert und verschlossen. Besonders leidet er unter der frühen Scheidung seiner Eltern und dem seitdem abgebrochenen Kontakt zu seinem Vater. Garys größtes Interesse gilt seinem Computer, an dem er viel Zeit verbringt. Wenngleich er mitunter „völlig weggetreten" (S. 15) wirkt, wird er von seinem Lehrer als klug bezeichnet (vgl. S. 16). Er kann seine Traurigkeit aber nicht überwinden und mit der Freundschaft zu Brendan schlägt diese schließlich um in Aggression. Nachdem er sein technisches Know-how auf den Bau von Rohrbomben angewendet und mit Brendan in ihrer Schule Geiseln genommen hat, tötet er sich durch einen Kopfschuss.

Brendan Lawlor: Brendan Lawlor ist der zweite Protagonist des Romans. Im Gegensatz zu Gary sieht er gut aus, ist sportlich, schlagfertig und in seiner alten Heimatstadt beliebt. Allerdings wird er auch als launenhaft beschrieben. Mit dem Umzug aus seinem gewohnten Umfeld in eine neue Stadt, in der er nicht den gewünschten Anschluss findet, sondern plötzlich zu den Außenseitern gehört, wird Brendan zunehmend aggressiv. Anders als Gary, mit dem er sich zu diesem Zeitpunkt anfreundet, wirkt Brendan nur selten schwach und verletzlich (vgl. S. 48f.). Er zeigt sich angriffslustig und gewaltbereit, bis seine Wut in offenen Hass umschlägt und in dem Bedürfnis mündet, sich an allen zu rächen. Nachdem Gary sich das Leben genommen hat, kann Brendan von einer ihrer Geiseln überwältigt werden.

Ryan Clancy: Ähnlich wie Gary und Brendan zählt Ryan Clancy zu den Außenseitern in der Schule. Auch er leidet unter den täglichen Demütigungen, insbesondere durch die Footballspieler um Sam Flach. Doch selbst wenn er Brendans und Garys Gewaltbereitschaft versteht und ihre Rachefantasien teilt (vgl. S. 60), kann er seine Wut unter Kontrolle halten.

Allison Findley: Allison Findley ist das weibliche Pendant zu Ryan Clancy. Trotz der Erniedrigungen rettet sie Sam Flach durch Aderpressen das Leben.

Sam Flach: Sam Flach führt nicht nur das Football-Team der Schule, sondern auch die Angriffe auf Gary, Brendan, Ryan und die übrigen Außenseiter an. Er wird als brutal und rücksichtslos beschrieben und zeigt bis zum Schluss keine Reue für sein Verhalten gegenüber Gary und Brendan (vgl. S. 139).

Dustin Williams: Dustin Williams ist Afroamerikaner und Mitglied des Football-Teams. Aufgrund seines ethnischen Hintergrunds und Empathievermögens repräsentiert er nicht den typischen Sportler, sondern nimmt eher eine Art Mittlerposition zwischen den sogenannten „Stars" und „Losern" der Schule ein. Trotzdem kann er den Amoklauf nicht verhindern, wenngleich er es schließlich schafft, Brendan zu überwältigen. Ihn zeichnet ein ausgeprägtes Reflexionsvermögen aus.

Inhalt

In der dem Roman vorangestellten Vorbemerkung des Autors zur deutschen Ausgabe sowie dem Zeitungsausschnitt aus der *USA Today* vom 21.05.1999 wird dem Leser gleich zu Anfang Authentizität vermittelt: „Die Schüler auf den Fluren kreischten vor Entsetzen, und Chaos brach aus, als sie erkannten, dass nun auch sie [...] eine zunehmend vertraute Szene erlebten: einen Schüler mit einer Waffe." (S. 9)

„Ich knall euch ab!" erzählt mit Bezug auf das am 20.04.1999 verübte Schul-Attentat in Littleton und das am 26.04.2002 geschehene Gewaltverbrechen an einem Erfurter Gymnasium den fiktiven Amoklauf von zwei Jugendlichen, die am 27.02. gegen 22 Uhr in der Turnhalle der Middletown Highschool mit erklärter Tötungsabsicht Geiseln nehmen.

Morton Rhue hat seinen Roman als Collage gestaltet. Denise Shipley, die Stiefschwester des einen Amokläufers Gary Searle, reiht in ihrer Funktion als angehende Journalistin Erinnerungen, Reflexionen, Kommentare, E-Mails und Abschiedsbriefe kommentarlos aneinander. Zu Wort kommen die Täter selbst sowie Menschen aus ihrem schulischen und familiären Umfeld. Morton Rhue lässt Denise Shipley somit die Geschichte „von vielen Stimmen" (S. 12) erzählen. Dabei wechseln sich die Innen- und die Außenperspektive ab.
So beginnt der Roman mit einem Auszug aus Gary Searles Abschiedsbrief, in dem seine Perspektivlosigkeit deutlich wird. Daran schließen sich Kommentare und Reflexionen über Gary an, aus denen sich das Bild eines verschlossenen, klugen Jungen ergibt, der unter der Scheidung seiner Eltern leidet. Darauf folgt ein Auszug aus Brendan Lawlors Abschiedsbrief, dem zweiten Täter. Darin offenbart er seinen Rachewunsch und die diesem zugrunde liegende Auflehnung gegen den bestehenden Konformitätsdruck.
Mit den Beschreibungen von Brendan als Fan des Computerspiels „Doom" beginnt die chronologisch orientierte Wiedergabe der Ereignisse. Rückblicke schildern, immer wieder von Auszügen aus den Abschiedsbriefen der beiden unterbrochen, die Entwicklung von Garys und Brendans Persönlichkeiten. Im achten Schuljahr bauen die zwei eine Freundschaft zueinander auf, die durch die gemeinsamen Erfahrungen von Demütigungen und Außenseitertum wächst. Der Leser kann diese Erniedrigungen anhand von geschilderten Beispielen nachvollziehen.
Gary und Brendan isolieren sich immer mehr von ihrem sozialen Umfeld. In ihrer zunehmenden Wut sehen sie schließlich nicht einmal mehr diejenigen, die sich mit ihnen solidarisch gezeigt haben. Sie verschwören sich gegen die ganze Welt und laufen schließlich an ihrer Schule Amok. Während Brendan von einem Mitschüler überwältigt werden kann und durch darauf folgende Misshandlungen ins Koma fällt, nimmt sich Gary durch einen Kopfschuss das Leben. Als Tötungsmotiv wird die „absolute, ausweglose Verzweiflung" (S. 144) genannt. Der Roman endet schließlich mit dem Appell Denise Shipleys, denen, deren Situation ähnlich ausweglos erscheint, zu helfen.

Vorüberlegungen zum Einsatz des Romans im Unterricht

Jugendgewalt ist ein Thema, das weder auf eine Schulform noch auf eine Region reduziert werden kann. Es gibt an Grund-, Haupt-, Real-, Gesamtschulen und Gymnasien sowohl auf dem Land als auch in der Stadt unterschiedlich stark ausgeprägte Formen psychischer und physischer Gewalt an und unter Jugendlichen. Dass es dabei mittlerweile immer häufiger zu sogenannten Schul-Amoks kommt, hat Morton Rhue zum Anlass genommen, einen Roman zu schreiben, in dem es genau darum geht: um zwei jugendliche Außenseiter, deren Wut auf eine Gesellschaft, die sie nicht so sein lässt, wie sie sind, in Form eines Gewaltausbruchs eskaliert.

Wenngleich niemand bestreiten kann, dass Jugendliche wie die in dem Roman dargestellten Protagonisten Opfer sind, kann man Morton Rhue vorwerfen, dass er sie zu wenig als Täter zeichnet. Das Verbrechen, das die beiden begehen, wird von dem Versuch, die Hintergründe, die zu dieser Tat geführt haben, aufzuzeigen, relativiert. Trotzdem besitzt die Lektüre ein großes Potenzial für den Literaturunterricht.

Dieser hat unter anderem die Aufgabe, zu einer kritischen Auseinandersetzung mit aktuellen gesellschaftlichen Problemen zu führen. Der Roman „Ich knall euch ab!" eignet sich deshalb besonders für die Jahrgangsstufen 8, 9 und 10, weil es darin nicht nur um ein solches Problem geht, sondern auch das persönliche Lebensumfeld der Schülerinnen und Schüler thematisiert wird. Das kann dazu beitragen, dass sie sich und die Herausforderungen, denen sie sich täglich stellen müssen, ernst genommen fühlen.

Die Lehrperson sollte sich darüber bewusst sein, dass Schülerinnen und Schüler oft selbst schon Erfahrungen mit Mobbing gemacht haben und sich in dem Alter, in dem sie ihre Persönlichkeit ausbilden, immer wieder auch dem Druck, unter dem sie stehen, ausgesetzt fühlen. Damit handelt der Unterricht von etwas konkret Erlebtem, das sowohl von der Lehrperson als auch von den Mitschülerinnen und Mitschülern einen sensiblen Umgang erfordert. Insofern ist die oben formulierte Kritik an der Schwerpunktsetzung des Romans auch eine Chance: Es wird nicht mit erhobenem Finger auf das unbestreitbare Fehlverhalten der Täter hingewiesen, sondern darüber gesprochen, wie schwer es Kinder und Jugendliche heute haben. Die Erwartungen, die an sie gestellt werden, laufen darauf hinaus, dass sie immer früher erwachsen werden müssen. Oft wird dieses Erwachsenwerden mit dem Begriff „Selbstständigkeit" ausgedrückt. Was vielfach aber gemeint ist, wenn von Selbstständigkeit gesprochen wird, ist, dass ein Kind oder ein Jugendlicher alleine zurechtkommen muss. Jedes Kind und jeder Jugendliche hat aber ein Recht darauf, dass ihnen während ihrer Kindheit und Jugend geholfen wird, Hürden, die sich vor ihnen auftun, zu überwinden, und dass nicht erwartet wird, dass sie ihre Probleme alleine lösen. Der Literaturunterricht zu der Lektüre „Ich knall euch ab!" sollte den Schülerinnen und Schülern genau dies zeigen: dass sie dieses Recht haben und auch einfordern dürfen.

Dieses Unterrichtsmodell bezieht sich auf das Buch „Ich knall euch ab!" von Morton Rhue, erschienen im Ravensburger Buchverlag, Ravensburg 2002, ISBN 978-3-473-58172-6.

Grundlagen und didaktische Literatur

- Bandura, Albert: Lernen am Modell. Klett Verlag 1976
- Brinkbäumer, Klaus u.a.: Das Spiel seines Lebens. In: Der Spiegel. Nr. 19. SPIEGELnet GmbH 2002.
- Deutsche Shell (Hrsg.): Jugend 2002. 14. Shell-Jugendstudie. Fischer Verlag 2002.
- Gaschke, Susanne: Erfurt und die Folgen. In: Die Zeit. Nr. 19. Verlag Heinz Heise 2002.
- Kasper, Horst: Schülermobbing – tun wir was dagegen! Der Smob-Fragebogen mit Anleitung und Auswertungshilfe und mit Materialien für die Schulentwicklung. AOL Verlag 2002.
- Krefft, Sascha: Austeilen oder einstecken? Wie man mit Gewalt auch anders umgehen kann. Kösel Verlag 2002.
- Maier, Andrea S.: Materialien zu „Ich knall euch ab!" Ravensburger Buchverlag 2003. [= Redding-Korn, Birgitta (Hrsg.): Ravensburger Materialien zur Unterrichtspraxis]

Für die Hand der Schülerinnen und Schüler

- Herforth, Maria-Felicitas: Erläuterungen zu Morton Rhue: Ich knall euch ab! (Give a Boy a Gun) C. Bange Verlag 2005. [= Königs Erläuterungen und Materialien. Band 429]

Vorschläge für Klassenarbeiten sind im **Zusatzmaterial 6**, S. 106 enthalten.

Konzeption des Unterrichtsmodells

Das vorliegende Unterrichtsmodell setzt sich aus vier Bausteinen zusammen, in denen den Schülerinnen und Schülern mithilfe unterschiedlicher Verfahren ein Zugang zu dem Roman „Ich knall euch ab!" von Morton Rhue und der darin enthaltenen Problematik von Gewalttaten an Schulen ermöglicht wird. Dabei werden sowohl analytische als auch handlungs- und produktionsorientierte Verfahren berücksichtigt.

In **Baustein 1** finden sich drei Alternativen für den Einstieg in die Lektürearbeit. Sie sind als Ergänzungen zu dem üblichen Austausch von Leseeindrücken zu verstehen. Die ersten beiden Vorschläge setzen keine Textkenntnis der Schülerinnen und Schüler voraus, sondern setzen an einem in der Tagespresse dargestellten Schul-Amok bzw. an einem Songtext, in dem es um einen gewaltbereiten Jugendlichen geht, an. Die dritte Alternative, für die der Romaninhalt bekannt sein muss, fordert die Schülerinnen und Schüler zu einer produktionsorientierten Verarbeitung ihrer Ersteindrücke auf.

In **Baustein 2** geht es um die Personen des Romans. Im Mittelpunkt stehen die beiden Protagonisten, Gary Searle und Brendan Lawlor. Ausgehend von einem in Deutschland zu trauriger Bekanntheit gelangten Amokläufer, Robert Steinhäuser, sollen ihre Charaktereigenschaften, ihre Entwicklung zu jugendlichen Straftätern, ihre zwischenmenschlichen Beziehungen und ihre Tatmotive untersucht werden.

Baustein 3 greift zwei zentrale Bereiche der komplexen Problematik von Jugendgewalt auf: Mobbing und virtuelle Gewalt. Die Schülerinnen und Schüler setzen sich arbeitsteilig mit einem dieser beiden Bereiche auseinander. Dabei wird der Primärtext von Morton Rhue durch Sekundärtexte erweitert, wenngleich immer wieder Rückbezüge zu dem Romaninhalt hergestellt werden. Die Schülerinnen und Schüler sollen ihre eigene Umgebung in Beziehung zu dem Einfluss von Mobbing und virtueller Gewalt auf Jugendliche setzen. Dazu soll ein Fragebogen entwickelt und ausgewertet werden.

In **Baustein 4** werden die von dem Roman „Ich knall euch ab!" ausgehenden und in Baustein 3 erweiterten Einsichten in der zu erörternden Frage nach möglichen Ursachen für Gewalttaten Jugendlicher zusammengeführt. Abhängig davon, in welcher Jahrgangsstufe dieses Unterrichtsmodell eingesetzt wird, soll eine lineare, eine dialektische oder eine textgebundene Erörterung durchgeführt werden.

Die thematischen Bausteine des Unterrichtsmodells

Baustein 1
Der Einstieg in die Lektüre

Es bieten sich unterschiedliche Möglichkeiten für einen Einstieg in die Bearbeitung des Romans „Ich knall euch ab!" von Morton Rhue an.
Den ersten zwei in diesem Unterrichtsmodell vorgestellten Alternativen, dem Einstieg über die Presse und über die Musik, ist gemeinsam, dass sie keine Textkenntnisse der Schülerinnen und Schüler voraussetzen. Gleichwohl sollten die Schülerinnen und Schüler spätestens an dieser Stelle der Unterrichtsreihe den Leseauftrag erhalten, sodass der Romaninhalt zu Beginn des zweiten Bausteines bekannt ist.
Für den dritten Vorschlag, den Einstieg über einen Klappentext, muss die Lektüre zu Beginn der Unterrichtsarbeit bereits bekannt sein.

1.1 Der Einstieg über die Presse: Person, Tat und Motive des Amokschützen von Emsdetten

Der Einstieg über die Presse rückt die mediale Präsenz des im Roman aufgegriffenen Problems in den Mittelpunkt. Am 20. November 2006 lief der Schüler Sebastian B. an seiner ehemaligen Schule, der Geschwister-Scholl-Realschule in Emsdetten, Amok. Mithilfe des **Arbeitsblattes1**, S. 20 ff. sollen die Schülerinnen und Schüler die auf der Titelseite der drei bundesweit bekanntesten Tageszeitungen abgedruckten Meldungen über den Amoklauf von Emsdetten nach Informationen über die Person, Tat und die Motive von Sebastian B. untersuchen. Indem sie auf der Grundlage der einzelnen Informationen ein Gesamtergebnis formulieren, sollen sie in ihrer Medienkompetenz gefördert werden und erkennen, dass man sich nicht auf eine Zeitungsmeldung beschränken kann, wenn man einen umfassenden Überblick über ein Geschehen gewinnen will. In diesem Zusammenhang ist eine kritische Bewertung der Artikel sinnvoll.

- *Trage mithilfe der Artikel in die dafür vorgesehenen Spalten ein, was du über die Person, die Tat und das Motiv erfährst. Formuliere die Einzelergebnisse anschließend zu einem Gesamtergebnis.*
- *Vergleiche die Titelseiten der Bild-Zeitung, der Frankfurter Allgemeinen Zeitung und der Süddeutschen Zeitung miteinander. Welche Rückschlüsse lassen sich daraus ziehen?*

Baustein 1: Der Einstieg in die Lektüre

Aus dem Artikel der Bild-Zeitung „Ihr müsst alle sterben" ist herauszuarbeiten, dass es sich bei dem Amokschützen um Bastian B. handelte, der in der dafür typischen Pose abgebildet wird. Als ehemaliger Schüler der Realschule im westfälischen Emsdetten verletzte er mit Gewehren, Sprengfallen und Rauchbomben 27 Menschen und tötete sich anschließend selbst. Sein Motiv war Hass. Das Verhältnis von Text, Textüberschrift und Bild zeigt die für die Bild-Zeitung typische reißerische Aufmachung. Titel ist ein Zitat des Amokschützen in großen, fettgedruckten Lettern: „Ihr müsst alle sterben"; der Hintergrund zeigt Sebastian B. mit einer Schusswaffe, deren Lauf auf den Leser des Artikels gerichtet ist. Dadurch soll sich der Leser möglicherweise von Sebastian B. bedroht fühlen. Die Informationen sind knapp und – das zeigt der Vergleich mit den Artikeln aus der Frankfurter Allgemeinen Zeitung und der Süddeutschen Zeitung – oberflächlich. Sie rücken damit nicht nur aufgrund der sehr kleinen Schriftgröße in den Hintergrund. Der Artikel wird mit „Das Drama" abgeschlossen.

In dem Artikel „Viele Verletzte bei Amoklauf in Realschule" der Frankfurter Allgemeinen Zeitung steht, dass es sich bei dem Amokschützen um einen 18 Jahre alten Schüler der Geschwister-Scholl-Realschule in Emsdetten im Münsterland handelte, dessen Interessen das Computerspiel „Counterstrike", seine eigene Internetseite und Waffen waren. Er wird als Einzelgänger bezeichnet. Am Montagmorgen um 9.30 Uhr verletzte er, mit Schusswaffen und einem Sprengsatz bewaffnet, zahlreiche Personen, bevor er sich selbst tötete. Sein Motiv war Rache. Der Artikel, der im Gegensatz zu den zwei anderen kein Foto zeigt, ist auf die wichtigsten Informationen reduziert und sachlich geschrieben.

Ausführlicher fällt der Artikel der Süddeutschen Zeitung „Amoklauf in Realschule" aus, in dem der Name des Jugendlichen, Sebastian B., genannt wird – und zwar nicht abgekürzt wie in der Bild-Zeitung –, der mit 18 Jahren als Waffennarr bezeichnet werden konnte, gegen den eine Anzeige wegen unerlaubten Waffenbesitzes lief und der eine eigene Internetseite betrieb. Als ehemaliger Schüler der Geschwister-Scholl-Realschule in Emsdetten schoss er am Montag, den 20. November 2006 um 9.30 Uhr elf Menschen an, von denen er drei Jungen, ein Mädchen und den Hausmeister zwar nicht lebensgefährlich, aber schwer verletzte. Das Gebäude spickte er mit Sprengfallen und Rauchbomben, sodass sich 16 Polizeibeamte Rauchvergiftungen zuzogen. Im Anschluss tötete er sich selbst. Er verabscheute die Menschen und wollte sich an denen rächen, die ihm in der Schule das Gefühl gegeben hatten, ein Verlierer zu sein. Links neben dem Artikel ist eine Aufnahme von der Geschwister-Scholl-Realschule am Tag des Amoklaufs abgedruckt, vor der zwei Polizeibeamte verschwommen zu sehen sind. Rechts neben dem Artikel findet sich eine neutrale Aufnahme von Sebastian B. Der Artikel ist wie der in der Frankfurter Allgemeinen Zeitung sachlich geschrieben.

Insgesamt lassen sich die Meldungen aus der hier berücksichtigten Tagespresse zu dem folgenden Gesamtergebnis zusammenfassen: Der Amokschütze von Emsdetten hieß Sebastian B., war 18 Jahre alt und interessierte sich für das Computerspiel „Counterstrike", seine eigene Internetseite und Waffen. Als ehemaliger Schüler verletzte er am Montag, den 20. November 2006 um 9.30 Uhr an der Geschwister-Scholl-Realschule im westfälischen Emsdetten mit Gewehren, Sprengfallen und Rauchbomben 27 Menschen: Er schoss elf Menschen an, davon drei Jungen, ein Mädchen und den Hausmeister, und verletzte sie schwer. Darüber hinaus zogen sich 16 Polizeibeamte Rauchvergiftungen zu. Zum Schluss tötete er sich selbst. Sein Motiv war in Rache mündender Hass auf die Menschen, die ihm an seiner Schule das Gefühl gegeben hatten, ein Verlierer zu sein.

 Die auf dem **Arbeitsblatt 1** (Lösung), S. 23 abgedruckten Ergebnisse können der Lehrperson als Vergleichsgrundlage für die Ergebnisse der Schülerinnen und Schüler dienen.

Die Erarbeitung von Person, Tat und Motiven des Amokschützen von Emsdetten führt unmittelbar zu dem zweiten Baustein dieses Unterrichtsmodells, in dem die zur Sprache gekommenen Aspekte erweitert werden. Gleichzeitig bietet sie eine Möglichkeit, die Interessen und Fragestellungen der Schülerinnen und Schüler in Bezug auf das angerissene Thema abzurufen und eine gemeinsame Schwerpunktsetzung bei der Reihenplanung vorzunehmen.

1.2 Der Einstieg über die Musik: Bohemian Rhapsody von Queen

Der Einstieg über den Titel „Bohemian Rhapsody" von Queen bezieht sich unmittelbar auf den Roman „Ich knall euch ab!" von Morton Rhue:
„Einer von Garys Lieblingssongs war der von Queen, aus dem Film *Wayne's World,* den sie da im Auto gesungen haben. Da erzählt der Sänger, dass er irgendwem in den Kopf geschossen hat und dass jetzt sein ganzes Leben ruiniert ist, aber wäre ja eigentlich sowieso alles egal. *Nothing really matters.*" (Allison Findley, S. 47)
Der Titel „Bohemian Rhapsody" von Freddie Mercury, verstorbener Sänger der Rockband Queen, war sowohl im Jahr 1975, als der Song das erste Mal erschien, als auch im Jahr 1991, als der Song neu aufgenommen wurde, auf Platz 1 der britischen Charts. Er gehört zu den erfolgreichsten Stücken von Queen und dürfte den Schülerinnen und Schülern daher bekannt sein. Demzufolge kann die Auseinandersetzung mit dem Inhalt des Liedtextes ein motivierender Einstieg in die Lektüre des Romans sein. Der Inhalt des Songs bietet sich dazu an, Vermutungen darüber anzustellen, warum Gary Searle dieses Stück so sehr mochte. Damit ist eine Annäherung an einen der beiden Protagonisten des Romans möglich, die im zweiten Baustein dieses Unterrichtsmodells aufzugreifen und zu vertiefen ist.

Die Lehrperson sollte das Lied zunächst einmal abspielen. Daraufhin sollte sie den Arbeitsauftrag geben, herauszuhören, worum es in dem Stück geht. Es ist sinnvoll, zur Unterstützung dieses Hörauftrages den auf dem **Arbeitsblatt 2**, S. 24 abgedruckten Originaltext an die Wand zu projizieren. Wenngleich die Schülerinnen und Schüler nicht in der Lage sein werden, den Text lückenlos zu übersetzen, ist es ihnen möglich, sich auf dieser Grundlage zum Inhalt zu äußern.

■ *Worum geht es in dem Song „Bohemian Rhapsody" von Queen?*

Festgehalten werden sollte, dass das Lied von einem Jungen handelt, der jemanden erschossen hat und sich von seiner Mutter und seinem Leben verabschiedet. Dieses Ergebnis soll mithilfe des an dieser Stelle ausgehändigten **Arbeitsblattes 3**, S. 25 differenziert werden.

■ *Beschreibe den Jungen, der in „Bohemian Rhapsody" spricht: Welche Charaktereigenschaften werden deutlich? Achte neben dem abgedruckten Liedtext auch auf das Verhältnis von Text und Musik.*

■ *Ohne dass du Gary Searle bereits kennengelernt hast: Stelle Vermutungen darüber an, warum er den Song von Queen so gerne hört. Als was für einen Jungen stellst du dir Gary vor?*

Aus der ersten Strophe (die Zeilenangaben beziehen sich auf den englischen Originaltext) geht hervor, dass der Junge, der spricht, zwischen Realität und Fantasie verloren zu sein scheint (Z. 1). Es handelt sich offenbar um einen sehr sensiblen Jungen. Er sieht keine Möglichkeit, der Realität zu entkommen (Z. 2). Er flieht in die Gleichgültigkeit (Z. 4–7). Die Musik unterstreicht seine Hin- und Hergerissenheit durch den Wechsel von langsamen, gedehnten Passagen, in denen er sich seiner Gleichgültigkeit hinzugeben scheint, und schnellen, hektischen Passagen, in denen er letzte Versuche zu unternehmen scheint, sich gegen diese Gleichgültigkeit aufzulehnen.
Die zweite Strophe handelt von seinem Mord an einem Mann. Dabei wird erneut seine Gleichgültigkeit deutlich (Z. 8 ff.). Er scheint kein Mitgefühl für den Mann oder dessen Hinterbliebene aufbringen zu können. Vielmehr konzentriert er sich auf sich selbst; er erinnert an ein Kind, das um die Hilfe der Mama bittet, und bemitleidet sich (Z. 11 f.). Daraufhin

bittet er indirekt seine Mutter um Entschuldigung und fordert sie dazu auf, nach seinem Tod weiterzuleben, ohne zurückzudenken (Z. 14–16). Die Musik legt nahe, dass er sich seiner Gleichgültigkeit hingegeben hat, da sie langsam und gedehnt bleibt.

In der dritten Strophe spricht der Junge von seinem Schmerz (Z. 15) und davon, sterben zu müssen (Z. 17 und 20f.). Trotz seines letzten Hilferufs an seine Mutter, nicht sterben zu wollen (Z. 22), kann er sich von seiner Resignation nicht befreien. Das spiegelt auch die Musik, die das Tempo der zweiten Strophe beibehält.

 Die Vermutungen der Schülerinnen und Schüler, warum Gary Searle den Song von Queen so gerne hört, können auf eine vorläufige Charakterisierung hinauslaufen. Musik wirkt auf Jugendliche oft identitätsstiftend. Unterstellt man Gary, dass er sich mit dem Jungen, von dem „Bohemian Rhapsody" handelt, identifizieren kann, kann folgendes Tafelbild die Ergebnisse der Schülerinnen und Schüler bündeln:

Mögliche Parallelen zwischen dem „einfachen" Jungen aus „Bohemian Rhapsody" und Gary S.

- verloren zwischen Realität und Fantasie
- sensibel
- kann Realität nicht entkommen
- entwickelt Gleichgültigkeit
- empfindet kein Mitleid für getöteten Mann oder dessen Hinterbliebene
- bittet (erfolglos) um Hilfe
- bemitleidet sich
- bittet seine Mutter um Entschuldigung, will, dass sie weitermacht, ohne zurückzublicken
- leidet unter seinem Schmerz
- sieht Selbstmord als letzten Ausweg

Mag Gary diesen Song, weil er sich mit dem „einfachen Jungen" aus „Bohemian Rhapsody" identifiziert?

Die Überleitung zu dem zweiten Baustein dieses Unterrichtsmodells kann über den Hinweis erfolgen, dass im Folgenden untersucht werden soll, welche Parallelen zwischen Jugendlichen gefunden werden können, die die Wertschätzung ihres eigenen und fremden Lebens verloren haben – und in Folge dessen töten.

1.3 Der Einstieg über den Romaninhalt: Der Klappentext

Bei dieser Einstiegsvariante steht die Reaktivierung des Gelesenen und erste Auseinandersetzung mit dem Romaninhalt im Vordergrund.
Die Schülerinnen und Schüler sollen mithilfe des **Arbeitsblattes 4**, S. 26 einen Klappentext für die Lektüre „Ich knall euch ab!" verfassen. Um in unterschiedlichem Maße vorhandene Vorkenntnisse anzugleichen, befindet sich auf dem auszuhändigenden Arbeitsblatt 4 ein kurzer Überblick zum Klappentext. Im Anschluss daran wird den Schülern dort eine Orientierung zur Organisation der Arbeitsphase gegeben. Dadurch braucht die dabei zum Zuge kommende verhältnismäßig einfache Schneeball-Methode nicht explizit eingeführt zu werden; die Schülerinnen und Schüler können weitgehend selbstständig arbeiten und die Fachlehrerin bzw. der Fachlehrer hat die Möglichkeit, individuelle Hilfestellungen zu geben.
Es ist sinnvoll, dass die Lehrperson das Exemplar, das die Schülerinnen und Schüler besitzen, am Anfang der Unterrichtsstunde einsammelt, sodass sie nicht in Versuchung kommen, den

bereits formulierten Text auf dem Buchrücken zu verwenden. Sie sollen sich in Vierergruppen zusammensetzen und jeweils ein Blatt Papier und einen Stift bereithalten. Als Erstes soll jeder Einzelne fünf Begriffe notieren, die seiner Meinung nach den Inhalt des Romans wiedergeben. Diese Begriffe sollten von den anderen Gruppenmitgliedern nicht einsehbar sein. Es bleibt der Lehrperson überlassen, ob es sich dabei um eine bestimmte Wortart handeln muss oder nicht.

> ■ *Halte fünf Begriffe fest, die deiner Meinung nach den Inhalt des Romans „Ich knall euch ab!" besonders gut wiedergeben.*

Nach etwa vier Minuten bilden sich in der Vierergruppe jeweils zwei Zweiergruppen, in der sich die Schülerinnen und Schüler ihre Begriffe leise vorlesen und aus den zehn vorliegenden fünf Begriffe aussuchen, die aufgeschrieben werden. Dabei dürfen Kompromisse geschlossen werden, beispielsweise indem ein Begriff verändert oder ersetzt wird.

> ■ *Setzt euch zu zweit zusammen. Stellt euch eure fünf Begriffe vor. Sucht aus den Begriffen fünf aus, die ihr beide für besonders geeignet haltet, den Inhalt des Romans „Ich knall euch ab!" wiederzugeben.*

Nachdem die dafür zur Verfügung stehenden sechs Minuten verstrichen sind, sollen sich die vier Gruppenmitglieder auf der Grundlage der Ergebnisse aus den Partnerarbeiten auf fünf Begriffe einigen, die als Gruppenergebnis fixiert werden. Auch hierfür stehen der Gruppe sechs Minuten zur Verfügung.

> ■ *Setzt euch zu viert zusammen. Stellt euch eure fünf Begriffe vor. Sucht aus den Begriffen fünf aus, die ihr alle für besonders geeignet haltet, den Inhalt des Romans „Ich knall euch ab!" wiederzugeben, und schreibt sie auf euer Arbeitsblatt.*

Im Anschluss daran sollen die Schülerinnen und Schüler mit diesen fünf Begriffen einen Klappentext formulieren, den jeder aufschreibt.

> ■ *Formuliert mit diesen fünf Begriffen gemeinsam einen Klappentext für den Roman „Ich knall euch ab!" und schreibt ihn in euer Heft.*

Sollte die zur Verfügung stehende Unterrichtszeit nicht ausreichen, kann die Hausaufgabe lauten, den Klappentext zu Ende zu schreiben. In jedem Fall sollte noch eine Auswertung erfolgen. Um die Jugendlichen zu motivieren, ihren Mitschülerinnen und Mitschülern zuzuhören, wenn der Klappentext vorgelesen wird, kann der Hörauftrag gegeben werden, die fünf Begriffe zu finden, auf die sich die Gruppe zuvor geeinigt hat. Ein zusätzlicher Anreiz könnte sein, der- oder demjenigen, die bzw. der die höchste „Trefferquote" hat, die Möglichkeit einzuräumen, entweder selbst vorzulesen oder zu bestimmen, wer als Nächstes vorliest.

> ■ *Versuche, die fünf Begriffe herauszuhören, mit denen der Klappentext formuliert wurde.*

Dabei sollte diskutiert werden, ob und warum die Auswahl der Begriffe gelungen ist. Da die Ergebnisse sehr unterschiedlich ausfallen können, ist es wenig sinnvoll, an dieser Stelle Lösungsvorschläge zu machen. Es wird aber zu berücksichtigen sein, welchen Schwerpunkt der jeweilige Klappentext gelegt hat: die Chronologie der Ereignisse, die charakterliche Entwicklung von Gary Searle und Brendan Lawlor o.Ä. Auf dieser Grundlage kann zum zweiten Baustein übergeleitet werden.

Person, Tat und Motive des Amokschützen von Emsdetten

[Lesehilfe für die Titelseite der Bild-Zeitung: Sein Motiv war Hass! Mit Gewehren, Sprengfallen und Rauchbomben hat Bastian B. im westfälischen Emsdetten seine frühere Realschule überfallen und 27 Menschen verletzt. Am Ende tötete er sich selbst. „Ich hasse euch und eure Art! Ihr müsst alle sterben!", hinterließ er in einer Abschiedsbotschaft. Das Drama]

Bild-Zeitung, Dienstag, 21. November 2006, Nr. 272

Viele Verletzte bei Amoklauf in Realschule

mel. Emsdetten, 20. November. Bei einem Amoklauf in einer Realschule in Emsdetten im Münsterland hat ein ehemaliger Schüler am Montagmorgen zahlreiche Personen verletzt und sich anschließend selbst getötet. Bei dem mit Schusswaffen und einem Sprengsatz bewaffneten Mann handelte es sich nach Angaben der Polizei um einen
5 Achtzehnjährigen, der die Tat zuvor im Internet angekündigt und einen Abschiedsbrief hinterlassen hatte. Als mögliches Motiv nannte der nordrhein-westfälische Innenminister Ingo Wolf (FDP) einen „Racheakt". Bekannte des jungen Mannes berichteten, er sei ein fanatischer „Counterstrike"-Spieler gewesen und habe isoliert gelebt. Auf einer Website präsentierte er sich in martialischen Posen, schwer bewaffnet und
10 in Tarnuniform. Als er am Morgen gegen 9.30 Uhr in die Geschwister-Scholl-Realschule eindrang, trug er eine schwarze Sturmhaube. Im Gebäude schoss er wahllos auf Schüler, Lehrer und den Hausmeister. (Siehe Deutschland und die Welt.)

Frankfurter Allgemeine Zeitung, 21.11.2006, Nr. 271, S. 1. Alle Rechte vorbehalten. © F.A.Z. GmbH, Frankfurt am Main

Amoklauf in Realschule

18-Jähriger schießt elf Menschen an, ehe er sich tötet

Emsdetten – Ein schwer bewaffneter Amokläufer hat an einer Schule im nordrhein-westfälischen Emsdetten am Montag elf Menschen verletzt und sich dann selbst getötet. Der Täter, der 18 Jahre alte, ehemalige Schüler Sebastian B. (kleines Foto), war gegen 9.30 Uhr maskiert mit einer schwarzen Sturmhaube in die Geschwister-Scholl-Realschule eingedrungen und hatte wahllos um sich geschossen. Der Münsteraner Oberstaatsanwalt Wolfgang Schweer sagte sichtlich schockiert, fünf Personen seien durch Schüsse schwer verletzt worden, unter ihnen drei Jungen, ein Mädchen und der Hausmeister. Sie schwebten aber nicht in Lebensgefahr. Nach dem Einsatz in dem vom Täter mit Sprengfallen und Rauchbomben gespickten Gebäude mussten auch 16 Polizeibeamte wegen Rauchvergiftungen behandelt werden.
Sebastian B. hätte an diesem Dienstag vor dem Amtsgericht Rheine erscheinen müssen, wo er sich wegen unerlaubten Waffenbesitzes verantworten sollte. Offenbar war er ein Waffennarr. Auf seiner Internetseite posiert er mit verschiedenen Waffen, darunter auch eine Maschinenpistole. In einem Abschiedsbrief schreibt Sebastian B.: „Das Einzigste, was ich intensiv in der Schule beigebracht bekommen habe, war, dass ich ein Verlierer bin." Er verabscheue Menschen, bekennt der 18 Jahre alte Jugendliche und schließt seinen Brief mit den Worten: „Ich bin weg."

Süddeutsche Zeitung vom 21. November 2006

Person, Tat und Motive des Amokschützen von Emsdetten

	Bild-Zeitung „Ihr müsst alle sterben"	Frankfurter Allgemeine Zeitung „Viele Verletzte bei Amoklauf in Realschule"	Süddeutsche Zeitung „Amoklauf in Realschule"	Gesamtergebnis
Person				
Tat				
Motive				

- Trage mithilfe der Artikel in die dafür vorgesehenen Spalten ein, was du über die Person, die Tat und das Motiv erfährst. Formuliere die Einzelergebnisse anschließend zu einem Gesamtergebnis.

- Vergleiche die Titelseiten der Bild-Zeitung, der Frankfurter Allgemeinen Zeitung und der Süddeutschen Zeitung miteinander. Welche Rückschlüsse lassen sich daraus ziehen?

Person, Tat und Motive des Amokschützen von Emsdetten (Lösung)

	Bild-Zeitung "Ihr müsst alle sterben"	Frankfurter Allgemeine Zeitung "Viele Verletzte bei Amoklauf in Realschule"	Süddeutsche Zeitung "Amoklauf in Realschule"	Gesamtergebnis
Person	Bastian B. (inkl. Foto), ehemaliger Schüler der Realschule im westfälischen Emsdetten	18 Jahre alt, ehem. Schüler der Geschwister-Scholl-Realschule in Emsdetten im Münsterland Interessen: Counterstrike, eigene Internetseite, Waffen Einzelgänger	Sebastian B. (inkl. Foto) 18 Jahre alt ehem. Schüler der Geschwister-Scholl-Realschule in Emsdetten Interessen: Waffennarr (Anzeige wegen unerlaubtem Waffenbesitz), eigene Internetseite	Sebastian B. (inkl. Foto aus der SZ), 18 Jahre alt, ehem. Schüler der Geschwister-Scholl-Realschule im westf. Emsdetten, Interessen: Counterstrike, eigene Internetseite, Waffen
Tat	an Realschule im westf. Emsdetten mit Gewehren, Sprengfallen und Rauchbomben, 27 Menschen verletzt, sich selbst getötet	am Montagmorgen, den 20. November 2006 um 9.30 Uhr, zahlreiche Personen verletzt, mit Schusswaffen und Sprengsatz bewaffnet, sich selbst getötet	am Montag, den 20. November 2006 um 9.30 Uhr elf Menschen angeschossen, wahllos um sich geschossen, fünf Personen (drei Jungen, ein Mädchen und den Hausmeister) schwer verletzt (keine Lebensgefahr), Gebäude mit Sprengfallen und Rauchbomben gespickt, 16 Polizeibeamten Rauchvergiftungen zugefügt, sich selbst getötet	am Montag, den 20. November 2006 um 9.30 Uhr an Geschw.-Scholl-Realschule im westf. Emsdetten mit Gewehren, Sprengfallen und Rauchbomben, 27 Menschen verletzt: elf Menschen angeschossen, davon drei Jungen, ein Mädchen und den Hausmeister nicht lebensgefährlich, aber schwer verletzt und 16 Polizeibeamten Rauchvergiftungen zugefügt, sich selbst getötet
Motive	Hass	Rache	verabscheut Menschen, Rache an denen in der Schule, die ihm das Gefühl gegeben haben, ein Verlierer zu sein	Rache an denen in der Schule, die ihm das Gefühl gegeben haben, ein Verlierer zu sein
	oberflächlich, reißerisch	knapp, sachlich	ausführlicher, sachlich	

Bohemian Rhapsody

Is this the real life? Is this just fantasy?
Caught in a Landslide, no escape from reality.
Open your eyes, look up to the skies and see.
I'm just a poor boy, I need no sympathy,
5 because I'm easy come, easy go, little high, little low, anyway the wind blows, doesn't
really matter to me, to me.

Mama, just killed a man,
put a gun against his head, pulled my trigger, now he's dead.
Mama, life had just begun.
10 But now I've gone and thrown it all away.
Mama, ooh, didn't mean to make you cry,
if I'm not back again this time tomorrow, carry on, carry on,
as if nothing really matters.

Too late, my time has come,
15 sends shivers down my spine, body's aching all the time.
Good-bye, everybody – I've got to go,
gotta leave you all behind and face the truth.
Mama, ooh, I don't want to die,
I sometimes wish I'd never been born at all.

Bohemian Rhapsody. Musik und Text: Freddie Mercury © 1975 by Queen Music Ltd. Rechte für Deutschland, Österreich,
Schweiz und Osteuropa (außer Baltikum): EMI Music Publishing Germany GmbH & Co KG

Die Rockgruppe Queen, 1977

Mögliche Parallelen zwischen dem „einfachen" Jungen aus „Bohemian Rhapsody" und Gary Searle

Bohemian Rhapsody
Words and music by Freddie Mercury

Is this the real life? Is this just fantasy?
Caught in a landslide, no escape from reality.
Open your eyes, look up to the skies and see.
I'm just a poor boy, I need no sympathy,
5 because I'm easy come, easy go, little high, little low,
anyway the wind blows, doesn't really matter to me,
to me.

Mama, just killed a man,
put a gun against his head, pulled my trigger, now
10 he's dead.
Mama, life had just begun.
But now I've gone and thrown it all away.
Mama, ooh, didn't mean to make you cry,
if I'm not back again this time tomorrow, carry on,
15 carry on,
as if nothing really matters.

Too late, my time has come,
sends shivers down my spine, body's aching all the time.
20 Good-bye, everybody – I've got to go,
gotta leave you all behind and face the truth.
Mama, ooh, I don't want to die,
I sometimes wish id never been born at all.

Bohemian Rhapsody (Freie Übersetzung)

Ist das das wahre Leben? Ist es nur Fantasie?
Wie im Erdrutsch mitgerissen, kein Entkommen aus der Realität.
Mach die Augen auf, blick zum Himmel und sieh hin!
Ich bin nur ein einfacher Junge, ich brauche keine Sympathie,
weil ich komme und gehe, wie ich will, mal fühle ich mich gut, mal niedergeschlagen,
woher der Wind weht, ist mir egal.

Mama, ich tötete einen Mann, einfach so,
hielt eine Kanone an seinen Kopf, drückte ab, jetzt ist er tot.
Mama, mein Leben hatte gerade erst begonnen.
Aber jetzt bin ich gegangen und habe alles weggeworfen.
Mama, bitte, ich wollte dich nicht zum Weinen bringen,
sollte ich morgen um diese Zeit nicht zurück sein, mach weiter, mach weiter,
als ob nichts passiert sei.

Zu spät, meine Zeit ist gekommen,
Schauer laufen mir über den Rücken, mein ganzer Körper schmerzt.
Macht's gut, ihr alle, ich muss gehen,
muss euch zurücklassen und der Wahrheit ins Gesicht sehen.
Mama, bitte, ich will nicht sterben,
manchmal wünsche ich mir, ich wäre nie geboren.

Bohemian Rhapsody. Musik und Text: Freddie Mercury © 1975 by Queen Music Ltd. Rechte für Deutschland, Österreich, Schweiz und Osteuropa (außer Baltikum): EMI Music Publishing Germany GmbH & Co KG

„Einer von Garys Lieblingssongs war der von Queen, aus dem Film *Wayne's World,* den sie da im Auto gesungen haben. Da erzählt der Sänger, dass er irgendwem in den Kopf geschossen hat und dass jetzt sein ganzes Leben ruiniert ist, aber wäre ja eigentlich sowieso alles egal. *Nothing really matters.*"
Allison Findley in „Ich knall euch ab!", S. 47

- *Beschreibe den Jungen, der in „Bohemian Rhapsody" spricht: Welche Charaktereigenschaften werden deutlich? Achte neben dem abgedruckten Liedtext auch auf das Verhältnis von Text und Musik.*

- *Ohne dass du Gary Searle bereits kennengelernt hast: Stelle Vermutungen darüber an, warum er den Song von Queen so gerne hört. Als was für einen Jungen stellst du dir Gary vor?*

Der Klappentext

Sicher hast du schon oft einen Klappentext gelesen: auf Hüllen von Schallplatten, CDs, DVDs oder Büchern.

Ein Klappentext ist eine kurze Zusammenfassung des Inhalts, den man bei Büchern oft auf der vorderen Einschlagklappe findet. Hat das Buch keinen Umschlag, steht der Text meistens auf der zweiten Seite oder, wie bei „Ich knall euch ab!", auf der Rückseite des Buches. Dazu kommen dann häufig noch Kommentare von der Autorin oder dem Autor, Leseproben und Bewertungen von Kritikerinnen und Kritikern.

Das alles soll einen Werbezweck erfüllen: Der Leser soll neugierig werden und das Buch kaufen. Deshalb verrät der Klappentext auch nicht alles, sondern macht Lust auf mehr …

Du sollst heute einen solchen Klappentext formulieren. Um es dir etwas einfacher zu machen, arbeitest du mit drei Mitschülerinnen bzw. Mitschülern zusammen und folgst den im Folgenden aufgeführten Arbeitsschritten.

- *Halte fünf Begriffe fest, die deiner Meinung nach den Inhalt des Romans „Ich knall euch ab!" besonders gut kennzeichnen.*

- *Setzt euch zu zweit zusammen. Stellt euch eure fünf Begriffe vor. Sucht aus den Begriffen fünf aus, die ihr beide für besonders geeignet haltet, den Inhalt des Romans „Ich knall euch ab!" wiederzugeben.*

- *Setzt euch zu viert zusammen. Stellt euch eure fünf Begriffe vor. Sucht aus den Begriffen fünf aus, die ihr alle für besonders geeignet haltet, den Inhalt des Romans „Ich knall euch ab!" wiederzugeben, und schreibt sie auf euer Arbeitsblatt.*

- *Formuliert mit diesen fünf Begriffen gemeinsam einen Klappentext für den Roman „Ich knall euch ab!" und schreibt ihn in euer Heft.*

Begriffe für den Klappentext:

1. _____

2. _____

3. _____

4. _____

5. _____

Baustein 2

Die Personen des Romans

Mithilfe dieses Bausteins sollen die Schülerinnen und Schüler erkennen, dass die Personen des Romans Typen von Jugendlichen sind, die sich in der Realität wiederfinden lassen. Das gilt insbesondere für Gary Searle und Brendan Lawlor, deren Lebensläufe erstaunliche Parallelen zu Robert Steinhäuser aufweisen. Robert Steinhäuser erschoss am 26. April 2002 sechzehn Menschen an seiner ehemaligen Schule, dem Gutenberg-Gymnasium in Erfurt, bevor er sich selbst das Leben nahm. Das ist insofern interessant, als er in Deutschland und damit in einem anderen Kulturkreis aufwuchs als Dylan Klebold und Eric Harris, die den Anschlag auf die Columbine Highschool in Littleton verübten und Vorlage für die Protagonisten des Romans waren. Jugendliche verschiedener (westlich geprägter) Nationen scheinen, unabhängig davon, wie sich diese im Einzelnen äußern, unter den gleichen Problemen zu leiden.

Es ist sinnvoll, mit Robert Steinhäuser zu beginnen, da unterstellt wird, dass die Motivation der Schülerinnen und Schüler höher ist, wenn sie sich ausgehend von einer realen Person mit den Romanfiguren beschäftigen sollen. Dem Einwand, dass der Roman dadurch an Gewichtung einbüßt, kann entgegengehalten werden, dass die Qualität von „Ich knall euch ab!" gerade in der Bezugnahme auf ein ganz aktuelles Problem liegt – und der Realkontext, von dem aus den Schülerinnen und Schülern schließlich der Zugang zu der Thematik ermöglicht wird, deshalb nicht in den Hintergrund gerückt werden sollte. Zudem weist Morton Rhue in seinem Vorwort zur deutschen Ausgabe von „Ich knall euch ab!" explizit auf Robert Steinhäuser hin (vgl. S. 7).

2.1 Robert Steinhäuser

Mithilfe des Textes „Das Spiel seines Leben", der auf dem **Arbeitsblatt 5**, S. 41 ff. abgedruckt ist, sollen die Schülerinnen und Schüler in Form einer Mindmap erarbeiten, dass Robert Steinhäuser zu seinem Vater und zu seinem Bruder ein distanziertes Verhältnis hatte (vgl. Z. 16 und Z. 345 ff.). Mit seiner Mutter verband ihn eine liebevolle Beziehung (vgl. Z. 17 und Z. 220 f.), wenngleich sein Vertrauen nicht so weit ging, dass er mit ihr über seine Probleme sprach. Man kann also nicht sagen, dass Robert ein gefühlloser Mensch war. So nahm er beispielsweise seine Fürsorgepflicht für seine Katze wahr (vgl. 17).

Aus dem auf dem Arbeitsblatt abgedruckten Text geht ebenfalls hervor, dass Robert Steinhäuser ein unsicheres Kind war (vgl. Z. 74). Ohne diese Unsicherheit abbauen zu können (vgl. Z. 227), wurde er mit fortschreitendem Alter introvertierter (vgl. 79 ff.), ernster und verschlossener (vgl. Z 95 f.). Obwohl er nach außen nicht aggressiv (vgl. Z. 225 f.), sondern eher höflich und freundlich auftrat (vgl. Z. 229), flüchtete er in von Gewalt dominierte (virtuelle) Welten (vgl. Z. 120 ff.). Er interessierte sich für Waffen (vgl. Z. 49 f., Z. 125 ff. und Z. 314 ff.), für Ego-Shooter-Spiele (vgl Z. 54 f., Z. 148 ff.) und für die Metal- und Teufelsanbeter-Szene (vgl. Z. 131 ff.). Bevor er auf das Gymnasium wechselte, war er ein guter Schüler (vgl. Z. 104 f.). Auf dem Gymnasium bekam er schlechte Noten (vgl. Z. 111 und Z. 247 ff.). Er wurde von seinen Lehrern gedemütigt (vgl. Z. 263 ff.) und letztlich von der Schule verwiesen (vgl. Z. 60). In der realen Welt blieben Erfolgserlebnisse aus. Darauf reagierte er mit Lügen (vgl. Z. 270 ff.), Perspektivlosigkeit (vgl. Z. 208 ff.), Berechnung, Kaltblütigkeit und Gewissenlosigkeit (vgl. Z. 61 ff. und Z. 182 f.). Nachdem er acht Lehrerinnen, vier Lehrer, eine Sekretärin, eine Schülerin, einen Schüler und einen Polizisten getötet hatte (vgl. Z. 34 ff.), nahm er sich selbst das Leben. Er hatte nicht nur seinen Lebenswillen, sondern jede Achtung vor dem Leben verloren.

Eine leistungsstarke Klasse kann im Vorfeld den Arbeitsauftrag erhalten, übergeordnete Aspekte für die Mindmap zu formulieren.

■ *Formuliere mithilfe des Textes „Das Spiel seines Lebens" übergeordnete Aspekte für eine Mindmap zu Robert Steinhäusers Täterprofil.*

Im Anschluss daran sollte die Aufgabe gestellt werden, eine Mindmap zu dem Täterprofil von Robert Steinhäuser zu erstellen.

■ *Erstelle mithilfe der übergeordneten Aspekte eine Mindmap zu dem Täterprofil von Robert Steinhäuser.*

Alternativ kann die Fachlehrerin bzw. der Fachlehrer den Schülerinnen und Schülern diese übergeordneten Aspekte auch vorgeben und den auf dem **Arbeitsblatt 5** formulierten Arbeitsauftrag dahingehend modifizieren.

■ *Erstelle eine Mindmap zu dem Täterprofil von Robert Steinhäuser. Berücksichtige dabei die folgenden Aspekte: Familiäres Umfeld, Eigenschaften, Interessen, Schule und Verbrechen.*

Da die Nennungen über den ganzen Text verteilt sind, ist ein arbeitsteiliges Vorgehen weniger sinnvoll. Es sollte im Anschluss an die Ergebnisauswertung aber die auf dem **Arbeitsblatt 5** (Lösung), S. 45 abgedruckte Mindmap als Folie an die Wand projiziert werden, um Ergänzungen vornehmen lassen zu können.

2.2 Parallelen zwischen Gary Searle, Brendan Lawlor und Robert Steinhäuser

Die Schülerinnen und Schüler sollen mithilfe des **Arbeitsblattes 6**, S. 46 Steckbriefe zu Gary Searle und Brendan Lawlor erstellen. Diese dienen als Grundlage für die daraufhin herauszuarbeitenden Parallelen zwischen den Jungen. Festgehalten werden soll, dass Gary Searle ein Junge aus Middletown, USA ist, rötlich braune Haare und große runde Augen hat und übergewichtig ist (vgl. S. 15). Schon in der Grundschule wurde er wegen seiner Figur gehänselt. Seine Eltern haben sich nach endlosen Streitereien voneinander getrennt (vgl. S. 15). Gary lebt seit ihrer Scheidung bei seiner Mutter Cynthia (vgl. S. 14), einer überängstlichen Frau. Zu seinem Vater hat Gary keinen Kontakt; er meldet sich nicht und zahlt keine Alimente. Darunter leidet Gary sehr (vgl. S. 15). Er ist ein guter Schüler, am Computer ist er sogar der Beste (vgl. S. 16 f.). Gary erscheint geheimnisvoll, manchmal wirkt er geistesabwesend, ist sehr verschlossen, trotzdem ist er höflich und zuverlässig (vgl. S. 16). Immer mehr Zeit am Computer verbringend sieht er im Leben irgendwann keinen Sinn mehr: Am Freitag, den 27. Februar um 22.00 Uhr tötet er sich in der Turnhalle der Middletown Highschool durch einen Kopfschuss, nachdem er zuvor Amok gelaufen ist und Geiseln genommen hat (vgl. S. 18).

In Bezug auf Brendan Lawlor ist herauszuarbeiten, dass er aus Springfield, USA kommt (vgl. S. 20). Als guter Sportler und Läufer (vgl. S. 20) ist er Mitglied einer Fußballmannschaft und trainiert unter seinem Vater mit unterschiedlich hoher Motivation (vgl. S. 21). Gegen seinen Willen ziehen seine Familie und er während seines siebten Schuljahres nach Middletown, USA um (vgl. S. 24). Er ist mittelgroß und hat einen schlanken, durchtrainierten Körper (vgl. S. 20). Seine Eltern Tom und Samantha sind freundliche, hilfsbereite, häusliche Menschen (vgl. S. 20). Samantha versteht ihren Sohn oft nicht, greift in ihrer Ratlosigkeit aber nicht auf die Hilfe von Außenstehenden zurück (vgl. S. 23f.). Brendan ist klug, witzig, schlagfertig, laut (vgl. S. 20), launisch (vgl. S. 21) und immer ein wenig nervös und misstrauisch (vgl. S. 22). Er kämpft gegen Ungerechtigkeit und Konformitätsdruck (vgl. S. 22). Nachdem er mit seinem Freund Gary Amok gelaufen ist, liegt er im Dauerkoma, weil ihn sich befreiende Geiseln schwer am Kopf verletzt haben.

Es bietet sich an, die Schülerinnen und Schüler durchzählen zu lassen: Diejenigen mit der Eins fertigen auf dem Arbeitsblatt 6 einen Steckbrief über Gary (Textgrundlage: S. 14–18), diejenigen mit der Zwei einen Steckbrief über Brendan (Textgrundlage: S. 19–24) an. Nach der Erarbeitungsphase ergänzen die Schülerinnen und Schüler ihr Arbeitsblatt mithilfe der Ergebnisse des Sitznachbarn.

> ■ *Fertige einen Steckbrief über Gary Searle an, wenn du eine Eins gezählt hast (S. 14–18), bzw. über Brendan Lawlor, wenn du eine Zwei gezählt hast (S. 19–24).*
>
> ■ *Ergänze deinen Steckbrief um den noch offenen mithilfe der Ergebnisse deines Sitznachbarn.*

Das **Arbeitsblatt 6**, S. 46 kann als Folie von der Lehrperson ausgefüllt werden, während die Schülerinnen und Schüler ihre Ergebnisse vorstellen. Alternativ kann auch das bereits vorformulierte **Arbeitsblatt 6** (Lösung), S. 47 in der Sicherungsphase an die Wand projiziert werden.
Um das Sprachbewusstsein der Schülerinnen und Schüler zu schulen, sollte an dieser Stelle auf Garys und Brendans Verwendung der Sprache eingegangen werden, da sie die jeweiligen Charaktere spiegelt. Aus dem Auszug von Garys Abschiedsbrief auf Seite 10 geht hervor, dass er seine letzten Worte an seine Mutter richtet. Er zeigt damit ein hohes Maß an Sensibilität und Empathie. Gary umschreibt seinen Tod mit „[ich] bin […] nicht mehr" (S. 10). Er versetzt sich in die Lage seiner Mutter und versucht, mögliche Schuldgefühle zu relativieren („Ich weiß, du hast immer versucht, mir dein Bestes zu geben, und falls jemand daran zweifelt, zeig ihm diesen Brief."). Er verwendet in nahezu jedem Satz das Wort „wissen" („[…], dass du weißt, […]. Ich weiß, […]. Ich weiß nicht, […], weil ich weiß, […]. Ich weiß, […].", S. 10). Er versucht damit, seiner Mutter und nicht zuletzt auch sich selbst die Gewissheit zu verschaffen, dass ihm nur dieser eine Weg blieb, wenngleich er „nicht weiß", warum er „das" getan hat (vgl. S. 10).
Brendans Abschiedsbrief klingt dagegen alles andere als versöhnlich. Er gebraucht harte, umgangssprachliche Worte wie „in großen, fetten Buchstaben" (S. 19) und „Penner" (S. 19), schreibt: „Ich bin jetzt tot" (S. 19) und richtet seine letzten Worte voller mit Ironie gespickter Verbitterung „an die guten Menschen von Middletown" (S. 19). Er geht sogar so weit, die Verantwortung für seine Tat auf ihre Erziehung zu schieben („[…], und ihr wollt wissen, warum ich eure Kinder mitgenommen habe. […] Weil ihr eure Kinder dazu erzogen habt, dass sie alle gleich sein wollen und jeden hassen, der es wagt, ein bisschen anders zu sein", S. 19).

> ■ *Vergleiche Garys und Brendans Abschiedsbriefe auf den Seiten 10 und 19 miteinander. Inwiefern spiegelt die unterschiedliche Verwendung der Sprache die jeweiligen Charaktere der beiden wider?*

Baustein 2: Die Personen des Romans

Darüber hinaus ist an dieser Stelle ein Exkurs in die Chatsprache sinnvoll, der mithilfe des **Arbeitsblattes 7**, S. 48 vorgenommen werden kann. Hier können unter besonderer Berücksichtigung sprachlicher Aspekte Rückbezüge zu den Persönlichkeiten von Gary und Brendan gezogen werden. Die Schülerinnen und Schüler werden über die im Kontext wissenswerten Hintergründe informiert und in die Fachterminologie eingeführt.

- *Lies die Seiten 57 f., 68 – 71, 78 f. und 89 f.*
- *Welchen Nicknamen trägt Gary, welchen Brendan? Wie könnte man die Namen jeweils übersetzen? Stelle Vermutungen darüber an, welche Aussagen die Nicknamen über die Identität von Gary und Brendan treffen.*
- *Finde Beispiele für Emoticons und Acronyme und erkläre ihre Bedeutung. Welche Wirkung hat die Verwendung der Chatsprache auf den jugendlichen Leser, welche auf den erwachsenen?*

Der Nickname von Gary lautet Dayzd. Den Wortbestandteil „Dayz" kann man aus dem Englischen mit „Tage" übersetzen; in der Chatsprache wird das Plural-s oft durch ein z ersetzt. Der Buchstabe „d" in „Dayzd" kann das englische Wort für Tod („death") abkürzen. Es sind aber auch andere Auflösungen denkbar. So kann es sich auch um eine Anspielung auf den Film „Dazed and Confused" aus dem Jahr 1993 über den letzten Schultag von Highschool-Schülern handeln. Die Lösungen sollten in jedem Fall im Zusammenhang mit Garys (und Brendans) Persönlichkeit diskutiert werden.

Der Nickname von Brendan lautet TerminX. Übersetzt man den Nicknamen von Gary wie zuvor vorgeschlagen, fällt die in dem Nicknamen von Brendan steckende Bezeichnung Termin X trotz der fehlenden Festlegung wesentlich konkreter aus als bei Gary. Gary spricht lediglich von Todestagen, Brendan von einem (!) Tag, dem Termin X. Darüber hinaus kann es sich bei dem Nicknamen um eine Abkürzung für „Terminator" („Vollstrecker") handeln. Kombiniert man die beiden möglichen Bedeutungen der Nicknamen, fällt auf, dass sich Gary und Brendan auf eine unheilvolle Art ergänzen. In den Chats von Gary, Brendan, Allison und Ryan findet sich ein Emoticon auf Seite 89. -o bedeutet in der Chatsprache „Überraschung". Darüber hinaus werden die Akronyme LOL! (laut herauslachen), BS (big smile oder bullshit) und Y? (Why?/Warum?) unter anderem auf Seite 57, K & H (Klebold und Harris, die Amokläufer von Littleton) auf Seite 69 und CU (See you/Wir sehen uns) auf Seite 79 verwendet. Auffallend ist, dass alle vier die Regeln der Groß- und Kleinschreibung beachten, die Akronyme nicht in Asterisken setzen und immer großschreiben. Letzteres ist insofern erwähnenswert, als die Großschreibung von einzelnen Wörtern oder Sätzen unter Chattern verpönt ist. Hier büßen die Auszüge aus den Chats der Romanfiguren an Authentizität ein.

Die Verwendung der Chatsprache (sowie die Verwendung der Sprache insgesamt) ermöglicht dem jugendlichen Leser, sich mit der Art und Weise, wie Gary, Brendan, Allison und Ryan über ihre Gedanken und Probleme kommunizieren, zu identifizieren. Damit erreicht Morton Rhue, dass seine jugendlichen Leser einen persönlicheren Zugang zu den Protagonisten seines Romans erhalten. Die Verwendung von Jugendsprache ist wie die Verwendung von Sprache im Allgemeinen ein identitätsstiftendes Moment. Chatsprache ermöglicht Jugendlichen, auf eine Art und Weise zu kommunizieren, die ihren Eltern und Lehrern fremd ist, mithilfe der sie sich von eben diesen distanzieren können. Morton Rhue versucht an diesen Stellen des Romans, über die multiperspektivische Darstellung der Ereignisse hinaus konkret die anzusprechen, von denen dieser Roman handelt.

Um im Anschluss an die Erarbeitungsphase für alle Schülerinnen und Schüler verbindliche Ergebnisse festzuhalten, sollten die folgenden wichtigen Aspekte sinngemäß an der Tafel gesichert werden.

Baustein 2: Die Personen des Romans

Die Chatsprache und ihre Bedeutung

- Nicknamen verraten Identität:
  Gary ist Dayzd, Brendan ist TerminX; gemeinsam laufen ihre Identitäten auf einen noch nicht datierten, aber bestimmten Todestag hinaus.
- Emoticons (-o auf S. 89) und Akronyme (LOL, BS und Y? auf S. 57; K & H auf S. 69 und CU auf S. 79) sowie Chatsprache allgemein führen dazu, dass sich der jugendliche Leser persönlich angesprochen fühlt, weil die Verwendung der Sprache (möglicherweise) auch auf ihn persönlich zutrifft.
- Kritik: Berücksichtigung der Groß- und Kleinschreibung ist unter Chattern verpönt, wirkt nicht authentisch.

Nun sollen die Schülerinnen und Schüler die bisherigen Ergebnisse auf eine E-Mail anwenden, die sie aus der Perspektive von Gary verfassen. Dabei soll es sich um eine Antwort auf die E-Mail handeln, die Brendan verfasst hat und die in der Textausgabe auf S. 43f. nachzulesen ist. Mit diesem Schreibauftrag werden neben dem Rückgriff auf sprachliche Aspekte auch schon Tatmotive in den Blick genommen, die im weiteren Verlauf der Unterrichtsreihe aufgegriffen und vertieft werden sollen.

■ *Schreibe aus der Perspektive von Gary eine Antwort auf Brendans E-Mail auf S. 43 f.*

Im nächsten Schritt sollen die Schülerinnen und Schüler die Parallelen zwischen Gary Searle, Brendan Lawlor und Robert Steinhäuser festhalten. Vergleicht man nämlich die Lebensläufe und Taten von Robert Steinhäuser mit denen von Gary Searle und Brendan Lawlor, lassen sich viele solcher Parallelen feststellen. Am einfachsten lassen sie sich in Form einer Gegenüberstellung fixieren: Brendan wechselt in der siebten Klasse den Wohnort, Robert wechselt in der sechsten Klasse die Schule; beide Jugendliche verlassen demzufolge in einem sensiblen Alter ihr vertrautes Umfeld. Ähnlich wie Gary entspricht Robert nicht dem allgemeinen Schönheitsideal; weder Gary noch Robert interessieren sich wie die Mehrzahl ihrer Altersgenossen für Sport. Obwohl sich Brendan und Robert freundlich und hilfsbereit geben, finden ihre Mütter keinen Zugang zu ihnen. Gary und Robert teilen ihre Faszination für den Computer und sind sehr verschlossen. Schließlich sehen alle drei Jungen, vor allem Gary und Robert, keinen Sinn mehr in ihrem Leben und laufen in ihrer (ehemaligen) Schule Amok. Gary und Robert töten sich durch einen Kopfschuss selbst und sterben an einem Freitag.

■ *Arbeite in einer Gegenüberstellung Parallelen zwischen Gary Searle bzw Brendan Lawlor auf der einen und Robert Steinhäuser auf der anderen Seite heraus.*

Dabei können folgende Übereinstimmungen gefunden und an der Tafel gesichert werden:

Parallelen zwischen Gary Searle und Brendan Lawlor auf der einen und Robert Steinhäuser auf der anderen Seite

Gary Searle und Brendan Lawlor	Robert Steinhäuser
Brendan wechselt in der siebten Klasse den Wohnort.	Robert wechselt in der sechsten Klasse die Schule.
Gary ist nicht attraktiv.	Robert ist (im Vergleich zu seinem Bruder) nicht attraktiv.
Gary ist unsportlich, interessiert sich nicht für Sport.	Robert ist unsportlich, interessiert sich nicht für Sport.
Brendan ist freundlich und hilfsbereit.	Robert ist freundlich und hilfsbereit.
Brendans Mutter findet oft keinen Zugang zu ihm.	Roberts Mutter findet oft keinen Zugang zu ihm.
Gary sitzt ständig am Computer.	Robert sitzt ständig am Computer.
Gary ist sehr verschlossen.	Robert ist sehr verschlossen.
Gary sieht in seinem Leben keinen Sinn mehr.	Robert sieht in seinem Leben keinen Sinn mehr.
Gary und Brendan laufen in ihrer Schule Amok.	Robert läuft in seiner (ehemaligen) Schule Amok.
Gary tötet sich durch einen Kopfschuss selbst.	Robert tötet sich durch einen Kopfschuss selbst.
Gary stirbt an einem Freitag.	Robert stirbt an einem Freitag.

Im Anschluss daran sollte die Lehrperson mit den Schülerinnen und Schülern im Unterrichtsgespräch diese Parallelen zu deuten versuchen.

- *Überlegt: Handelt es sich bei den Parallelen zwischen den Lebensläufen und Taten von Gary, Brendan und Robert um reinen Zufall oder lassen sich daraus Schlussfolgerungen ziehen?*

 Während Übereinstimmungen wie der Wochentag wohl eher auf einen Zufall zurückzuführen sind, nehmen einschneidende Ereignisse wie Scheidungen, Wohnort- und Schulwechsel während der den Charakter prägenden Entwicklungsphase offenbar erheblichen Einfluss auf das Leben eines Kindes bzw. eines Jugendlichen. Fehlen Anerkennung und Vertrauen zu möglichen Bezugspersonen, verlieren Kinder und Jugendliche die Orientierung und flüchten in eine Welt, in der sie sich sicher fühlen können. Diese Flucht führt oft in die Isolation. Mit dem abnehmenden Selbstwertgefühl schwindet das Gefühl für Werte in genere – bis hin zu dem Wert des Lebens. Demzufolge handelt es sich bei Gary Searle und Brendan Lawlor sowie bei Robert Steinhäuser um einen „Typ", der wiederum einen Zugang zu „typischen" Tatmotiven ermöglicht.

Der Begriff „Typ" wird seit Jahrzehnten von Jugendlichen in seiner umgangssprachlichen Bedeutung gebraucht; in der Regel bezeichnen sie damit einen Mann oder einen eigenartigen Menschen. An diesen Umstand soll angeknüpft werden. Um das Sprachbewusstsein und die Formulierungskompetenz der Schülerinnen und Schüler zu fördern, sollen sie in Form eines sogenannten Blitzlichtes Synonyme zu dem Begriff „Typ" sammeln.

■ *Finde ein anderes Wort für „Typ".*

Ohne dass erwartet werden kann, dass alle denkbaren Synonyme genannt werden, lassen sich zumindest einige der folgenden finden und an der Tafel festhalten. Sie können zugunsten einer Übersicht nach sieben Wortgruppen unterschieden werden.

Synonyme für den Begriff „Typ"

- Art, Gattung, Genre, Sorte, Spezies, Wesen
- Alter, Bursche, Gefährte, Kamerad, Kerl
- Charakter, Individuum, Mensch, Persönlichkeit, Person, Subjekt
- Gruppe, Menschenschar, Menschenschlag
- Norm, Regel
- Kaliber, Schlag, Sorte
- Bauart, Fabrikat, Modell, Muster

Ausgehend davon sollen die Schülerinnen und Schüler mithilfe des **Arbeitsblattes 8**, S. 49 eine Definition von „Typ" kennenlernen und erklären, inwiefern es sich bei Gary Searle, Brendan Lawlor und Robert Steinhäuser um einen „Typ" handelt.

■ *Inwiefern handelt es sich bei Gary Searle, Brendan Lawlor und Robert Steinhäuser um einen „Typ"?*

Die Antwort könnte unter Rückbezug auf die Ergebnisse aus dem vorangegangenen Unterrichtsgespräch über die Parallelen zwischen Gary Searle, Brendan Lawlor und Robert Steinhäuser lauten, dass sie bei aller Verschiedenheit gemeinsame Merkmale haben (z. B. Außenseiterdasein).

2.3 Die Entwicklung von Gary Searle und Brendan Lawlor zu Amokläufern

Die Entwicklung von Gary Searle und Brendan Lawlor zu Amokläufern kann an der Chronologie der im Roman geschilderten Ereignisse erarbeitet werden.
Brendan vermisst nach dem Umzug nach Middletown (vgl. S. 25) seine Freunde und seine alte Schule in Springfield (vgl. S. 27). Sein Versuch, über seine Sehnsucht mit der ebenfalls neuen Schülerin Emily Kirsch zu sprechen, schlägt mit ihrem Hinweis auf seine ständigen Wiederholungen fehl (vgl. a.a.O.).
Im achten Schuljahr schließt er mit Gary Freundschaft (vgl. S. 29). Beide verbindet die Erfahrung, nicht zu den angesagten Cliquen rund um die Sportler, Cheerleader und Träger von Designerkleidung der Schule zu gehören und folglich Außenseiter zu sein. Diese Erfahrung schweißt die beiden zusammen (vgl. S. 31–33, 35).
Im neunten Schuljahr der Highschool entwickeln beide erste erkennbare Aggressionen. Gary, der in der Schule als „Loser" bezeichnet wird und sich schließlich selbst als solcher bezeich-

net (vgl. S. 35), will nicht mehr aufstehen und sieht alles als sinnlos an (vgl. S. 48). Brendan wird in der Schule ebenfalls gedemütigt. Er konzentriert sich zunehmend auf seinen Schmerz und seine Wut, wird immer finsterer (vgl. S. 34, 62) und äußert schließlich seinen Wunsch, sich durch Mord an den anderen rächen (vgl. S. 38) und damit berühmt werden zu wollen (vgl. S. 61).

In der zehnten Klasse der Highschool flüchten sich die beiden immer öfter in Alkohol und Drogen (vgl. S. 75, 77f.), Sie geben sich ihrem Verlangen hin, sich gegen die erfahrenen Demütigungen und Ausgrenzungen zu wehren. Gary beschäftigt sich mit selbstgebauten Rohrbomben (vgl. S. 83–85). Brendan explodiert bei jeder Gelegenheit (vgl. S. 73), schießt ziellos aus dem Auto (vgl. S. 76), schlägt sich mit dem verhassten Footballspieler Sam Flach (vgl. S. 93f.). Sein letzter Ausweg, die Flucht auf eine private Militärschule, wird ihm verweigert, er verliert jede Hoffnung (vgl. S. 95). Schließlich eskaliert Garys und Brendans Frustration in Form des Amoklaufs in der Turnhalle, dem Ort, der mit den Personen verbunden ist, auf die Gary und Brendan ihre Rachegedanken konzentriert haben (vgl. S. 98ff.).

In einem ersten Arbeitsschritt sollen die Schülerinnen und Schüler die einzelnen Phasen der Entwicklung nachvollziehen. Dazu bietet sich ein arbeitsteiliges Vorgehen an. Die Klasse wird in vier Gruppen aufgeteilt. Die erste Gruppe beschäftigt sich mit dem siebten und achten Schuljahr der Mittelschule, die zweite und dritte mit dem neunten Schuljahr der Highschool und die vierte mit dem zehnten Schuljahr der Highschool.

■ *Fertigt eine Tabelle für das siebte und eine für das achte Schuljahr, S. 25–33 (für das neunte Schuljahr, S. 34–50 und S. 51–71, für das zehnte Schuljahr, S. 72–95) mit zwei Spalten an: eine für Gary, eine für Brendan. Haltet darin jeweils die wichtigsten Ereignisse fest.*

Sollte die erste Gruppe früher fertig sein als die übrigen drei, kann ihr für ihre bearbeiteten zwei Schuljahre bereits die nächste Aufgabe gegeben werden, die Einzelergebnisse für das siebte und achte Schuljahr zu einem zusammenfassenden Ergebnis zu formulieren, was mit den anderen Schülerinnen und Schülern nach der Ergebnisauswertung gemeinsam im Unterrichtsgespräch gelöst werden soll.

Um einen besseren Überblick über die Entwicklung von Gary Searle und Brendan Lawlor zu erhalten, der sich nicht in Einzelereignissen verliert, sollen die Schülerinnen und Schüler einen zusammenfassenden Satz für das jeweilige Schuljahr formulieren. Diese Sätze sollen daraufhin in die Form eines Flussdiagramms gebracht werden, das den Weg zu der Eskalation in der Turnhalle auf einen Blick nachvollziehen lässt.

Sowohl die Mindmap (vgl. 2.1) als auch das Flussdiagramm dienen in Hinblick auf den vierten Baustein dieses Unterrichtsmodells als für eine Erörterung hilfreiche Techniken.

■ *Formuliert die Einzelergebnisse für das von euch bearbeitete Schuljahr zu einem zusammenfassenden Ergebnis.*

Ein sich aus diesem Unterrichtsgespräch entwickelndes Flussdiagramm könnte auf das folgende Tafelbild hinauslaufen:

> **Die Entwicklung von Gary Searle und Brendan Lawlor zu Amokläufern**
>
> Brendan fühlt sich in seiner neuen Umgebung alleine gelassen.
>
> ↓
>
> Gary und Brendan schließen aufgrund ihrer gemeinsamen Erfahrung, Außenseiter zu sein, Freundschaft.
>
> ↓
>
> Gary und Brendan reagieren auf die erfahrenen Demütigungen und Ausgrenzungen mit Aggressionen.
>
> ↓
>
> Garys und Brendans Verlangen, sich an ihrer Umwelt zu rächen, nimmt konkrete Form an.
>
> ↓
>
> Gary und Brendan nehmen Rache in Form ihres Amoklaufs in der Turnhalle.

Es ist sinnvoll, diesen Überblick zu festigen, indem den Schülerinnen und Schülern die Aufgabe gestellt wird, in Gruppen ein kurzes szenisches Spiel zu entwickeln. Darin sollen fünf Episoden aneinandergereiht werden, die, orientiert an den festgehaltenen Einzelergebnissen, die Entwicklung von Gary und Brendan im Zeitraffer wiedergeben. Die Lehrperson entscheidet, ob sich die Jugendlichen an die Textvorlage halten oder so genannte Leerstellen ausfüllen sollen. Aufgrund des vorgenommenen Perspektivwechsels werden die bisher gewonnenen Einsichten vertieft. Darüber hinaus können sich die Schülerinnen und Schüler Garys und Brendans Entwicklung zu Amokläufern leichter veranschaulichen, wenn diese szenisch dargestellt wird. Sie erhalten einen Zugang zu dem Zusammenhang von Mobbing und Gewaltausbrüchen, der im dritten Baustein dieses Unterrichtsmodells aufgegriffen werden soll.

> ■ *Überlegt euch zu jedem der fünf Einzelergebnisse eine kurze Szene. Führt diese Szenen nacheinander vor der Klasse auf, sodass Garys und Brendans Entwicklung zu Amokläufern im Zeitraffer deutlich wird.*

2.4 Die Personen des Romans und ihr Verhältnis zueinander

Mithilfe der **Arbeitsblätter 9** und **10**, Seite 50 und 51 können die Schülerinnen und Schüler die Verhältnisse der Personen des Romans zueinander erarbeiten. Dies dient zum einen der Vertiefung des bereits Erarbeiteten, da sie entscheidenden Einfluss auf die Entwicklung von Gary und Brendan nehmen, und zum anderen der Hinführung auf die im Anschluss zu erarbeitenden Tatmotive, da sie auf mögliche Ursachen für Garys und Brendans Verhalten schließen lassen.

Gary Searle ist ein sensibler, introvertierter Junge, der unter der Scheidung seiner Eltern leidet. Er findet keinen Weg, seine Depressionen zu bewältigen, und flieht in eine virtuelle Welt. Brendan Lawlor ist im Gegensatz zu Gary extrovertiert und reagiert auf die ihn mit

Gary verbindenden negativen Erfahrungen offensiv-aggressiv, sodass er schließlich zum Initiator des Racheaktes wird. Gary dagegen ist eher der „Tüftler" im Hintergrund (vgl. S. 84). Die Beziehung zwischen Brendan und Gary führt zu dieser unglücklichen Allianz von Eigenschaften, die den Amoklauf letzten Endes erst möglich macht. („Ich weiß nicht, was sich da in Brendan zusammenbraute, aber bei Gary fing es fast gleichzeitig an. Ich fand Gary eigentlich immer eher unglücklich oder deprimiert, also jedenfalls nicht wütend oder aggressiv. Ich meine, ich weiß nicht, ob das, was Gary hatte, von Brendan kam, oder ob Brendan das in Gary sozusagen nur geweckt hat. Ich sage das nicht gern, aber vielleicht hätte Gary sich auch so entwickelt, wenn es Brendan gar nicht gegeben hätte. Aber die beiden zusammen ... ich weiß nicht, die haben sich irgendwie gegenseitig hochgeschaukelt." Emily Kirsch, S. 65)

Personen wie Ryan Clancy, Brett Betzig, Allison Findley und Emily Kirsch stehen den beiden Protagonisten des Romans nicht ablehnend gegenüber. In gewisser Weise sind auch sie Außenseiter: „Inzwischen hatte ich ein paar andere Mädchen kennengelernt, die auch solche – Zitat – ‚Außenseiter' waren wie ich; und mit denen habe ich versucht, trotz dieser blöden Cliquenwirtschaft in der Schule ein halbwegs normales Leben zu führen." (Emily Kirsch, S. 31) „Sportler haben Vornamen. Mutanten wie wir haben nur Nachnamen." (Ryan Clancy, S. 37) „Wir waren eben die Außenseiter. Und das haben nicht nur wir so gesehen. Alle haben das so gesehen. Auch die Lehrer und die Leute von der Verwaltung." (Emily Kirsch, S. 39) Aufgrund der zunehmenden (Selbst-)Isolation Garys und Brendans finden sie aber keinen Zugang zu ihnen.

Ihre Beziehung zu den (passiven) Lehrern und ihrer Familie ist ebenfalls von Distanz gekennzeichnet. Der Gegensatz zwischen den sogenannten „Losern" Gary Searle und Brendan Flach und den sogenannten „Stars" wie dem afroamerikanischen, neutral eingestellten Dustin Williams, dem wie Dustin Football spielenden Paul Burns und der Cheerleaderin der Football-Mannschaft Deirdre Bunson wird in der Person Sam Flach am deutlichsten. Er findet immer neue Wege, Gary und Brendan durch Demütigungen und Schikanen zu provozieren. Damit erreicht er schließlich, dass sich die beiden nicht nur gegen ihn verbünden, sondern gegen die durch ihn repräsentierte Gesellschaft.

Methodisch bietet sich ein Verfahren der szenischen Interpretation an: Das Standbild, das in besonderer Weise dazu geeignet ist, Beziehungskonstellationen darzustellen. Unabhängig davon, ob den Schülerinnen und Schülern dieses Verfahren der szenischen Interpretation bekannt ist, sollten ihnen die wichtigsten Arbeitsschritte im Vorfeld (noch einmal) vermittelt werden. Aus diesem Grund werden sie auf dem **Arbeitsblatt 9**, Seite 50 genannt.

- *Bildet mithilfe der Arbeitsblätter 9 und 10 und des Romans „Ich knall euch ab!" ein Standbild zu dem Verhältnis von drei von euch ausgewählten Personen.*

Eine mögliche Alternative sowie auch Ergänzung kann der Arbeitsauftrag sein, das Verhältnis zwischen den Personen des Romans in Form eines Schaubildes grafisch darzustellen.

- *Stelle das Verhältnis der Personen des Romans in Form eines Schaubildes grafisch dar. Konzentriere dich dabei auf die wichtigsten Handlungsträger.*

Das Tafelbild zeigt eine mögliche Lösung.

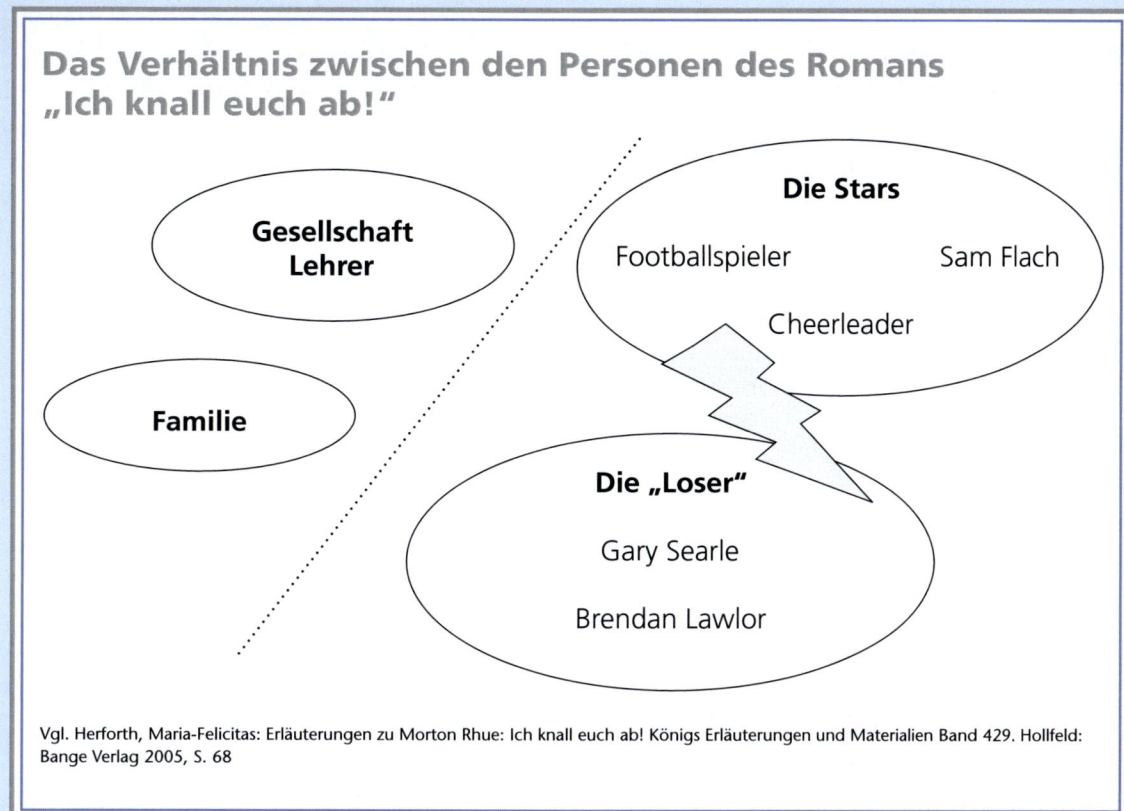

Vgl. Herforth, Maria-Felicitas: Erläuterungen zu Morton Rhue: Ich knall euch ab! Königs Erläuterungen und Materialien Band 429. Hollfeld: Bange Verlag 2005, S. 68

2.5 Mögliche Tatmotive von Gary Searle und Brendan Lawlor

Als Überleitung zu dem dritten Baustein, in dem sich die Schülerinnen und Schüler mit den Themen „Mobbing", „Computerspiele und Gewalt" und „Umgang mit Waffen" vertiefend auseinandersetzen sollen, dient die Besprechung möglicher Tatmotive von Gary und Brendan. Sie kann gleichzeitig als Abschluss des zweiten Bausteins verstanden werden.

Die Mitschülerinnen und Mitschüler, Lehrerinnen und Lehrer, Freunde, Eltern und die Täter selbst äußern im Roman eine Vielzahl von Erklärungsversuchen und möglichen Motiven für die Tat: traumatische Kindheitserlebnisse wie die Scheidung der Eltern (vgl. S. 15 f.) oder der ungewollte, von den Freunden trennende Umzug (vgl. S. 24 f.), fehlende Vertrauens- und Bezugspersonen (vgl. S. 17, 23, 101 f., 105 f., 128), Computerspiele (vgl. S. 23, 66 f.), Ausgrenzungen (vgl. S. 28, 31, 72, 120), Mobbing (vgl. S. 34 ff., 45 f.), ignorantes Lehrerverhalten (vgl. S. 36 f., 43, 121), Rachegefühle (vgl. S. 38), Zugang zu Waffen (vgl. S. 62, 68), vermeintliche Vorbilder wie die Amokläufer von Littleton (vgl. S. 61, 71), Filme (vgl. S. 66, 89) und der Wunsch, etwas Besonderes zu sein, berühmt zu werden (vgl. S. 70).

Diese Motive sollen zunächst aus dem Roman herausgearbeitet werden. Um die Schülerinnen und Schüler bei diesem komplexen Arbeitsauftrag zu entlasten, sollte die Lehrperson das **Arbeitsblatt 11**, Seite 52 austeilen, auf dem die Seitenzahlen genannt sind, zu denen die Schülerinnen und Schüler einen übergeordneten Begriff formulieren sollen. Da die Auswertung am Overheadprojektor schneller geht als an der Tafel, bietet es sich an, das Arbeitsblatt 11 auf eine Folie zu kopieren. Darauf könnten die folgenden Ergebnisse gesichert werden: Seite 15 f.: traumatisches Kindheitserlebnis: Scheidung der Eltern; Seite 17: fehlende Vertrauensperson; Seite 23, 66 f.: Computerspiele; Seite 23, 101 f., 105 f., 128: fehlender

Bezug zu den Eltern; Seite 24f.: traumatisches Kindheitserlebnis: ungewollter Umzug; Seite 28, 31, 72, 120: Außenseiterrolle; Seite 34–37, 45f.: Mobbing; Seite 36f., 43, 121: ignorantes Lehrerverhalten; Seite 38: Rachegefühle; Seite 61, 71: falsche Vorbilder (Littleton); Seite 62, 68: Waffengesetze; Seite 66, 89: Filme; Seite 70: Wunsch nach Berühmtheit. Daraufhin sollen die Schülerinnen und Schüler die Tatmotive gliedern, um einen Blick dafür zu bekommen, dass einige Motive auf gesellschaftliche Missstände hinweisen, an denen jeder Einzelne, auch sie, etwas ändern können.

■ *Sortiere die Tatmotive nach zwei Bereichen, in die sie fallen: Probleme, die auf das Privatleben zurückzuführen sind, und Probleme, die auf die Gesellschaft zurückzuführen sind.*

Die folgenden Ergebnisse können an der Tafel gesichert werden.

Verantwortungsbereiche für Tatmotive

Probleme, die auf das Privatleben zurückzuführen sind	Probleme, die auf die Gesellschaft zurückzuführen sind
• traumatische Kindheitserlebnisse (Scheidung der Eltern, Umzug)	• Computerspiele
• distanziertes Verhältnis zu Eltern	• Ausgrenzungen
• Rachegefühle	• Mobbing
• vermeintliche Vorbilder wie Amokläufer von Littleton	• ignorantes Lehrerverhalten
• Wunsch, etwas Besonderes zu sein, berühmt zu werden	• Zugang zu Waffen
	• Filme

Diese Ergebnisse können auf der Grundlage des persönlichen Erfahrungshorizontes der Schülerinnen und Schüler ergänzt werden. Sie haben wahrscheinlich alle schon einmal Erfahrungen mit Konformitätsdruck gemacht, beispielsweise in Bezug auf schulische Leistungen, dem gängigen Schönheitsideal, Konsumgütern usw. Diese Nennungen können Antworten auf die Frage der Fachlehrerin bzw. des Fachlehrers sein, warum Einzelne ausgegrenzt und gemobbt werden.

■ *Warum werden Menschen in unserer Gesellschaft ausgegrenzt und gemobbt?*

In diesem Zusammenhang sollte erneut auf die Modellhaftigkeit des Romans hingewiesen und die Bedeutung des Begriffs „Typ" reaktiviert werden.
Zur Vertiefung kann ein Auszug aus der Rede des ehemaligen Bundespräsidenten Johannes Rau, die zum Gedenken an die Opfer des Amoklaufs von Robert Steinhäuser am 3. Mai 2002 in Erfurt gehalten wurde, mit den Schülerinnen und Schülern gelesen werden. Mithilfe des **Arbeitsblattes 12**, S. 53 soll herausgearbeitet werden, welche Gründe für Ausgrenzungen und Mobbing genannt werden. Die ganze Rede findet sich im **Zusatzmaterial 1**, Seite 98ff. wieder.
Rau spricht in seiner Gedenkrede vor allem von Problemen, die auf die Gesellschaft zurückzuführen sind. Er kritisiert die Oberflächlichkeit und den vorherrschenden Egoismus im alltäglichen Umgang miteinander (Z. 12ff.). In unserer Gesellschaft gehe es in erster Linie um Leistung, Funktionalität und Erfolg (Z. 25f.). Aus diesem Grund würden Menschen, die

diesen Erwartungen nicht nachkämen, schnell abgedrängt (Z. 22f.). Jeder sei sich selbst der Nächste und die Probleme, die ein anderer Mensch habe und beispielsweise durch Drogenkonsum signalisiere, würden in der Regel ignoriert (vgl. Z. 30ff.). Die daraus resultierende Gleichgültigkeit und Rücksichtslosigkeit erinnert an das Prinzip des Darwinismus: Der Stärkere oder Coolere oder Sportlichere hat im Gegensatz zu dem Schwächeren, weniger Coolen oder Unsportlichen das „natürliche" Recht auf einen Platz in unserer hierarchisch geordneten Gesellschaft.

> ■ *Arbeite die Ursachen für die Tat von Robert Steinhäuser heraus, die Johannes Rau in seiner Rede anspricht. Ergänze auf dieser Grundlage die Tabelle zu den Verantwortungsbereichen für die Tatmotive.*

Mögliche Ergänzungen können die folgenden sein:

Verantwortungsbereiche für Tatmotive – Ergänzungen

Probleme, die auf das Privatleben zurückzuführen sind	**Probleme, die auf die Gesellschaft zurückzuführen sind**
	● Oberflächlichkeit
	● Egoismus
	● Leistungsdruck
	● Ignoranz von Problemen eines Menschen
	● Darwinismus: Das Recht des Stärkeren

Da unterstellt wird, dass es den Schülerinnen und Schülern leichter fällt, die sprachlichen Mittel zu untersuchen, wenn sie den Inhalt (des Auszugs) der Rede erschlossen haben, wird ihnen der Arbeitsauftrag erst im Anschluss an die Auswertung der vorgenommenen Ergänzungen erteilt. Dabei sollen Wirkung und Funktion der sprachlichen Mittel untersucht werden, die die Aussage Raus unterstreichen. Der Grund für die Unterscheidung zwischen Wirkung und Funktion ist die Beobachtung, dass Jugendlichen oft der Zugang zu sprachlichen Mitteln fehlt, weil sie versuchen, diese aus der Sicht des Autors zu analysieren. Werden sie aber dazu aufgefordert, die Assoziationen, die ein sprachliches Mittel bei ihnen hervorruft, zu formulieren, gelangen sie oft auf einem viel weniger komplizierten und direkteren Weg zu seiner Funktion.

> ■ *Untersuche die sprachlichen Mittel, die Johannes Rau in seiner Rede verwendet, indem du das sprachliche Mittel benennst und jeweils seine Wirkung und seine Funktion erläuterst.*

Je nachdem, wie ausgeprägt die Vorkenntnisse der Schülerinnen und Schüler sind, entscheidet die Lehrperson, wie umfangreich und differenziert die Untersuchung der sprachlichen Mittel ausfallen soll. Denkbar sind folgende Ergebnisse:

Sprachliche Mittel in der Gedenkrede von Johannes Rau

Sprachliches Mittel	Beispiel aus dem Text	Wirkung	Funktion
Personalpronomen	Wir (Z. 2)	Gemeinschaftsgefühl	Jede(r) soll sich angesprochen fühlen
Modalverb	Müssen (Z. 20)	Pflicht	Es ist eine Pflicht, sich umeinander zu kümmern, sich zu achten und aufeinander zu achten, niemand hat eine Wahl
Repetitio (Wiederholung), Antithese (Gegensatz), Anapher und Parallelismus	Wir leben miteinander und kennen uns häufig nicht. Wir gehen miteinander zur Schule oder zur Arbeit und wir kümmern uns oft nicht um den anderen. (Z. 11–14)	Unnatürlichkeit, Unpersönlichkeit, Gleichgültigkeit	Verdeutlichung, dass Zustand nicht natürlich sein darf, dass oft jede(r) betroffen ist
Klimax (Steigerung), Trikolon und Inversion (Satzumstellung)	Kein Mensch kann leben ohne Zuwendung, ohne Geborgenheit, ohne Liebe. (Z. 27–28)	Liebe steht als Höhepunkt am Ende des Satzes und damit im Mittelpunkt	Liebe drückt Wertschätzung unabhängig von Leistung und Können aus, braucht jede(r)
Asyndeton (unverbundene Aufzählung)	unsere Freunde, unsere Schulkameraden, unsere Kinder, unsere Kollegen (Z. 31–32)	Man denkt an Personen aus seinem Umfeld.	Jede(r) soll sich durch Gedanken an eigenes Umfeld angesprochen fühlen.

Im Anschluss daran kann den Schülerinnen und Schülern aufgetragen werden, einen Artikel für die Schülerzeitung ihrer Schule zu verfassen, in dem über die individuellen und gesellschaftlichen Probleme von Jugendlichen aufgeklärt wird.

■ *Schreibe einen Artikel für die Schülerzeitung deiner Schule. Kläre darin über die Probleme, die Jugendliche heute zu bewältigen haben, und über die Hilfen, die sie dabei (nicht) erhalten, auf.*

Das Spiel seines Lebens

Die Lehrer, die mit ihm nicht mehr klarkamen, schickten ihn fort. Die Eltern, die nichts von ihm wussten, gaben auf. Robert Steinhäuser, der Amokläufer von Erfurt, beschloss, mit einer Lüge zu leben. Kurz vor seiner Enttarnung tötete er nach dem Vorbild seiner Videos 16 Menschen – und anschließend sich selbst.

Der Tag der Rache begann um halb acht. Die Mutter ging durch den Flur nach rechts hinten, ins Kinderzimmer ihres Sohnes, und weckte ihn, [...]. Die Englisch-Prüfung sei heute dran, sagte Robert, als er in die Küche kam; das waren sehr viele Worte für einen wie ihn. Englisch, das wussten die Eltern oder das glaubten sie zu wissen, war ein Problemfach, und deshalb nahm der Vater seinen Jungen in den Arm; der aber sträubte sich, wie immer bei seinem Vater, denn Berührungen gestattete er nur seiner Mutter und seiner Katze Susi.

[...] Dann verabschiedete der Vater seinen Sohn ins schriftliche Abitur: „Jetzt geht's um die Wurst. Streng dich an!" Robert zog die Holztür mit dem Keramikschild „die Steinhäusers" hinter sich zu, es war 9.45 Uhr am 26. April 2002, und den Eltern fiel auf, dass ihr Sohn nichts dabei hatte, keinen Rucksack, keine Tasche.

Hätten sie nicht spätestens jetzt, endlich, etwas ahnen können? Müssen? [...] So jedenfalls wurde [d]er [Freitag] zum Tag eines Verbrechens, das es so noch nicht gegeben hatte, nicht mal in Amerika und natürlich nicht in Deutschland, nicht in einer Schule und nicht durch einen so jungen Täter. Dieser Rachefeldzug mit 17 Todesopfern war eine unfassbare Tat, verübt von einem schwer fassbaren Massenmörder – von einem jungen Mann, an dem die Lehrer verzweifelten und die Eltern sowieso. [...] [E]s gab keine Englisch-Prüfung, und es gab kein Abitur für Robert Steinhäuser. Seit fast einem halben Jahr war er schon nicht mehr zur Schule gegangen.

[...] Die Eltern saßen [...] im Auto auf dem Rückweg vom Real, als sie die Nachricht von einer Schießerei im Erfurter Gutenberg-Gymnasium im Radio hörten. Sie wählten Roberts Mobiltelefonnummer, aber er nahm nicht ab. [...] Die Eltern fürchteten, dass ihm etwas passiert war, und sie riefen Peter an, Roberts großen Bruder, und der raste in die Ottostraße.

Peter ging in Roberts Zimmer. Er stieß mit dem Fuß an die schwere Reisetasche, und da, sagt Peter Steinhäuser, 25, „habe ich schon gewusst, dass das nichts Gutes wird, was ich jetzt mache". In der Tasche lagen Hunderte Schuss Munition. „In meinem ganzen Leben habe ich noch nicht so gezittert", sagt Peter Steinhäuser. Auf Roberts Schreibtisch lagen die Quittungen für den Waffenkauf, und alles hier war aufgeräumt, zum ersten Mal; normalerweise lagen rund um den Computer die Pizzareste und die Disketten herum, und normalerweise war das Bett mit der Coca-Cola-Decke zerwühlt. Heute nicht. Er sollte die Quittungen finden, glaubt Peter. Die Quittungen für die Waffen waren Roberts Abschiedsbrief.

„Durch einen ehemaligen Schüler des Gymnasiums wurden acht Lehrerinnen, vier Lehrer, eine Sekretärin, eine Schülerin, ein Schüler und ein Polizeibeamter getötet. Das Verbrechen hat weltweite Medienbeachtung gefunden", heißt es in einem Bericht des Innenministeriums des Freistaats Thüringen.

Es war 13 Uhr an diesem 26. April 2002, als Peter Steinhäuser wusste, dass der Massenmörder sein Bruder war. „Und dann gehen Sie mal nach nebenan und erzählen Ihren Eltern, was Sie gerade gefunden haben", sagt Peter Steinhäuser.

[...] Als er zwei Jahre alt war, blieb seine Mutter, Kinderkrankenschwester in der Erfurter Hautklinik, zu Hause, damit er nicht in die Krippe musste. Der Junge „war ein ganz anhängliches Kind", sagt Christel Steinhäuser, „er musste beschützt werden, damit er seinem Bruder nicht ständig unterlegen war". Das Kind konnte nur schlafen, wenn die Mutter durch die Gitterstäbe hindurch seine Hand hielt.

Als er acht Jahre alt war, baute er in seinem Zimmer Modelle von der „Titanic" oder vom „Raumschiff Enterprise". Robert verehrte Captain Kirk, und er wollte Astronaut werden. Anders als sein Bruder Peter ging Robert nicht auf die Straße, zum Bolzen. Die Eltern ließen sich von Freunden aus dem Westen Lego-Steine schicken. „Wir wollten doch kreatives Spielzeug", sagt der Vater. „Ich habe ihm vorgelesen", sagt die Mutter. „Felix der Pinguin" war Roberts Lieblingsbuch. Der Junge konnte nur schlafen, wenn er zu seinen Eltern ins Ehebett kriechen durfte.

Als er 14 Jahre alt war, bekam Robert Steinhäuser eine Katze, die schon in seinem Bett schlief, wenn er noch seine Ballerspiele am Computer machte. Dann kroch er zu Susi.

„Die Pubertät", dachte seine Mutter, als ihr Sohn 16 Jahre alt war und allmählich verstummte. „Wie war dein Tag?" „Ganz okay." Danke für das Gespräch.

[...] Nach der Grundschule schickten die Steinhäusers ihren Robert auf die Haupt- und Realschule, die in Thüringen Regelschule heißt – doch nach einem Jahr meldeten sie ihn wieder ab. Sie waren geschockt, denn die Lehrerinnen hatten von Messern auf dem Schulhof erzählt und von Prügeleien und Drogen. „Wir dachten, nichts wie weg hier", sagt der Vater.

Roberts Zensuren waren in Ordnung; „er ist ein höflicher und strebsamer Schüler", stand im Zeugnis der fünften Klasse, und darum kam er aufs Gutenberg-Gymnasium.

„Ein grauenhafter Fehler", sagt die Mutter heute. Der erste von vielen grauenhaften Fehlern in dieser Geschichte einer schrecklich normalen Familie.

Die Mutter sah, dass Robert schlechte Noten nach Hause brachte, dass er ernster wurde und verschlossener. „Robert darf die Freude an der Schule nicht verlieren. Er muss eine richtige Arbeitstechnik finden", stand im Zeugnis der neunten Klasse. „Vielleicht war er auf dem Gymnasium all die Jahre überfordert und deswegen kreuzunglücklich. Wir haben das doch nicht geahnt", sagt die Mutter. Denn Robert schwieg.

Und Robert floh. Gegen die Proteste seiner Eltern legte er sich einen Gameboy zu, und nachts sah er fern. Als er 14 Jahre alt war, kaufte er sich von dem Geld, das er zur Jugendweihe bekommen hatte, seinen ersten Computer, und den rüstete er ständig nach. Am Ende hatte er einen Pentium-II-Rechner, dazu Lautsprecher, sogenannte Booster, für authentische Schussgeräusche, dazu Scanner und 17-Zoll-Monitor. Das alles stand auf einem weißen Metalltisch auf Rollen – Roberts Altar. […] Die Musiksammlung des Robert Steinhäuser enthielt CDs von Gute-Laune-Gruppen wie Ace of Base, und sie enthielt Werke der Metal- und Teufelsanbeter-Fraktion, neben zwei CDs der US-Band Slipknot zum Beispiel Platten von System of a Down oder Entombed. Die Gruppe verehrt Luzifer als „Chief Rebel Angel", und zu ihren erfolgreichsten Songs zählen Titel wie „Living Dead" oder „Seeing Red". Und während er sich dieses Zeug anhörte, saß er an so ziemlich jeder Waffe, mit der sich Menschen töten lassen. Robert übte mit Pistolen, halb- und vollautomatischen, mit Pumpguns, Granatwerfern, Kanonen und Präzisionsgewehren. In seiner Dachkammer schlitzte er Bäuche mit dem Kampfmesser auf, und er durchbohrte seine Gegner mit Pfeilen; er äscherte sie mit Molotow-Cocktails und Flammenwerfern ein, atomisierte sie mit Panzerkanonen, und das alles tat er, ohne selbst Angst spüren zu müssen.

Als Polizisten nach dem Amoklauf Roberts Zimmer filzen, finden sie Strategiespiele wie „Homeworld", Schießorgien wie „Hidden & Dangerous" – und mindestens sechs indizierte Spiele, die für den Versandhandel gesperrt sind und Minderjährigen nicht in die Hände fallen sollen.

Unter Steinhäusers Baller-Titeln ist das Brutalste und Bestialischste, also das Begehrteste, was die Erfinder von Einzelkämpfer-Spielen je auf den Markt geworfen haben. Zum Beispiel „Half-Life", ein sogenannter Ego-Shooter, mit dem Robert über die Mündung seiner Waffe auf seine Opfer sah. Wie man im Laufschritt mordet, konnte er auch in seinen indizierten Spielen „Return to Castle Wolfenstein", „Commandos – Behind Enemy Lines", „Alien versus Predator" und „Soldier of Fortune" trainieren, nirgendwo aber so perfekt wie im Cyber-Epos „Medal of Honor". Wenn dort Lieutenant Mike Powell am D-Day am Omaha Beach landet, ist nur der finale Treffer ein guter Schuss; je mehr Kopftreffer, desto besser. Dass eine Statistik am Ende aufführt, wo die Projektile in die Körper eingeschlagen sind, hält die Bundesprüfstelle für jugendgefährdende Schriften für „äußerst problematisch", denn dadurch werde das „gezielte und kaltblütige Töten eingeübt". Es war so etwas wie ein Entwurf für den 26. April.

Das perfekte Trainingslager.

[…] Noch bevor das Sondereinsatz-Kommando (SEK) am Tatort war, bugsierten ein paar Erfurter Streifenbeamte mit grünen Uniformen und Maschinenpistolen die Notärztin ins Schulgebäude. Auf dem linken Treppenabsatz lag der Polizist Andreas Gorski in „Halbseiten-Bauchlage" in seinem Blut. Die Notärztin prüfte Puls und Augenreflexe – Gorski war bereits tot. Robert Steinhäuser hatte hinterrücks auf den Beamten gefeuert, als der dabei war, seine schusssichere Weste anzulegen. Wirsing nahm Gorskis Dienstwaffe aus dem Holster und gab sie einem Polizisten. „Damit der Amokläufer sie nicht kriegt, wenn ihm die Munition ausgeht", sagte sie.

Unter Deckung rannte das Rettungsteam ins Schulsekretariat. Überall sah es Patronenhülsen auf dem Steinfußboden. Vor dem Empfangstresen im Büro lag die stellvertretende Schulleiterin Rosemarie Hajna tot auf dem Rücken. Sekretärin Anneliese Schwertner saß noch am Schreibtisch, den Kopf auf der Tischplatte, wie schlafend. Und überall war Blut.

[…] Im zweiten Obergeschoss, im Klassenzimmer 208, lagen die Leichen der Schüler Ronny Möckel, 15, und Susann Hartung, 14, zwischen umgestürzten Bänken. Der Junge hatte einen tödlichen Schuss in den Bauch erlitten, das Mädchen mehrere Schüsse in den Rücken. Vor der Tür war ihre Lehrerin zusammengebrochen; als sie versucht hatte, dem Mörder den Weg zu versperren, hatte Robert Steinhäuser offenbar durch den Türspalt in die Klasse gefeuert.

Und dann war da Robert Steinhäuser. Im Vorbereitungsraum Kunst, einem Zimmerchen, das mit Regalen vollgestopft ist, lag er auf dem Fußboden. Halb auf der Seite, neben seiner Pumpgun, die er auf den Boden gelegt hatte. Er muss sich die Pistole in den Mund gesteckt haben, bevor er abdrückte. Sein Kiefer war zertrümmert. Dann muss ihm die Pistole aus der Hand gefallen sein; sie lag zwischen seinen Beinen.

[…] Robert rauchte nicht, Robert tanzte nicht, Robert hatte keine Freundin. Wer war er?

Ein Monster, ein jämmerlicher Psychopath, der Kassettenhüllen aus dem „Video Buster" am Juri-Gagarin-Ring klaute, ein terroristischer Schläfer in eigener

Sache? Könnte man denken, einerseits. Andererseits gab es da einen scheuen Jungen, der den Futternapf seiner Katze Susi füllte, pünktlich auf die Minute. Und wenn seine Mutter ihn um einen Gefallen bat, war er der aufmerksamste Sohn, den Sie sich wünschen konnte; einkaufen, Müll raustragen, stets war er hilfsbereit.

„Still war er", erzählt sein Schulkamerad Falko Kuhnt, 19, „und auf Abstand bedacht – aber kein Stück aggressiv."

„Er war unsicher", sagt sein einstiger Stammkurslehrer Rainer Heise.

„Höflich und freundlich war er", sagt seine einstige Lehrerin Martina Holland, „als ich ihm mal sagte, dass ich mir Sorgen mache um ihn, hat er verlegen gelächelt."

Je mehr man über Robert Steinhäuser erfährt, desto mehr kann man den Eindruck gewinnen, man hätte es mit zwei, drei verschiedenen Menschen zu tun. Mit einer multiplen Persönlichkeit. Oder einer schizophrenen?

Die meisten kannten den Schul-Robert. Einen Jungen, der tagein, tagaus in schwarzen Jeans und schwarzer Lederjacke über schwarzen Sweatshirts auftrat, einer Montur, die nichts verrät, einer Rüstung. Tadel, schlechte Noten quittierte der Schul-Robert mit einem Achselzucken. Seht ihr, wie kalt mich das lässt? „Bullshit", sagt ein Mitschüler, „war so ein Lieblingswort von ihm", und Robert sprach es aus, als würde er die zwei Silben ausspucken.

Gute Zensuren, hübsche Mädchen, Erfolge im Sport – all das, was das Wertesystem seiner Schulkameraden ausmachte, für Robert Steinhäuser war es Bullshit. Er war dieser Schüler, der immer allein sitzt. Der im Unterricht einschläft, die Arme auf dem Pult verschränkt, den Kopf auf die Arme gestützt, leise schnarchend. Er war der Junge, der sich nicht verliebt, auch mit 17, mit 18 nicht, in diesem Alter, in dem alle Sinne auf Empfang stehen.

[...] Robert hatte sehr schlechte Noten. Er sei faul, sagten die Lehrer, mache die Aufgaben nicht; er könne zwar erzählen, aber nicht auf Fragen antworten, und deshalb erzähle er irgendetwas, nur nicht das Richtige. Einmal sollte er ein Referat über Gutenberg halten; er schaffte zwei Sätze, sagte „Bullshit" und setzte sich wieder.

Doch statt Hilfe gab es Demütigungen. Ein Lehrer sagte: „Man muss doch an Wunder glauben, wenn man meint, dass der das Abitur schafft." [...] Robert versteckte seine Antriebslosigkeit hinter einer barschen Fassade, und das neue Schuljahr lief nur wenig besser als das alte. Dann schwänzte er. Und um das Schwänzen zu verstecken, fälschte er Atteste.

„Auf die Schliche" sei man Robert gekommen, als sich beim feuchten Überwischen der Arzt-Atteste, der Stempel und Unterschriften keine Schmierspuren gezeigt hätten, erzählt Martina Holland, seine Lehrerin aus dem Deutsch-Leistungskurs. Also riefen Lehrer den vermeintlichen Arzt an, und der war sich sicher, dass ein Patient namens Robert Steinhäuser „nie bei ihm gewesen war".

Dann ging alles ziemlich schnell, und möglicherweise ging es ein bisschen zu schnell. Joachim Koch, Roberts letzter Stammkursleiter, erzählt, dass Robert im September 2001 zu einem Gespräch mit einem Fachlehrer, der Schulleitung und dem Kurssprecher gebeten worden sei. In seiner Gegenwart habe man beschlossen, ihn an eine andere Schule zu verweisen. [...] Es war ein hektischer Rauswurf ohne Netz und ohne Boden, und für Robert war es so etwas wie ein Todesurteil. Es war die endgültige Niederlage. Und der Anstoß zur Tat.

[...] Robert Steinhäuser wurden Ende 2001 zwei Gymnasien genannt, auf denen er doch noch ins Leben hätte finden können. Beim ersten erkundigte er sich, aber dort bieten sie nur Kurse an, die er nicht belegen wollte; beim zweiten meldete er sich nie. Hätte er mit Lehrer Koch gesprochen, hätte der ihn auf die Gleise in Richtung Realschulabschluss setzen können; hätte er seinen Eltern gesagt, was los war, hätten die ihm eine Lehrstelle besorgt.

Aber er log.

Es begann damit, dass er am ersten Tag nach dem Rauswurf seinen Rucksack nahm und sagte, er gehe jetzt in die Schule. Ins Gutenberg-Gymnasium natürlich.

Es ging damit weiter, dass er seinen Freunden vom Gutenberg-Gymnasium sagte, er habe die Schule gewechselt.

[...] Und daheim verstrickte er sich in immer wildere Lügen. [...] Und dann war es zu Ende. Der 26. April war der Tag der letzten Klausur, und bald wäre er aufgeflogen. Durch die Lokalzeitung, die Jahr für Jahr die Abiturienten meldet. Oder durch Freunde, die vom Abi erzählt hätten. Es lässt sich nicht sagen, wie es herausgekommen wäre, aber es wäre herausgekommen, irgendwie.

[...] Seine ersten Stunden am Schießstand verbrachte er [R. S.] mit einem Profi. [...] Eine eigene Waffe wollte Steinhäuser nach Angaben von Eilers und Birnbaum erstmals im Frühjahr 2001 besitzen, doch weil eine Waffenbesitzkarte nur ausgestellt wird, wenn der Schütze regelmäßiges Schießtraining nachweisen kann, scheiterte auch dieser Versuch im Ansatz. „Ich habe ihm erklärt, dass er in seinem Schützenbuch zu wenige Stempel für Trainingsschießen hat', sagt Birnbaum.

Fortan wurde Robert fleißiger. Er schoss regelmäßig, bis ihm das Erfurter Ordnungsamt nach Erkenntnissen der Staatsanwaltschaft am 16. Oktober 2001 die lang ersehnte Waffenbesitzkarte ausstellte. Die Karte berechtigt zum Kauf einer 9-mm-Pistole und einer

Pumpgun. Martin Eilers hat Steinhäuser in beiden Fällen den Antrag zum Eintrag einer Waffe selbst unterzeichnet. Der Jugendliche habe mit der Flinte auf Tontauben schießen wollen. Die Begründung für den Kauf eigener Waffen war simpel: Steinhäuser sei die auf den Schießständen angebotene Munition zu teuer gewesen, und deshalb wollte er diese künftig selbst kaufen.

[...] Sehr flink, noch im Oktober 2001, erwarb der Schüler die spätere Tatwaffe, die 9-mm-Glock. [...] Robert [...] ging weiter ins Schützenhaus. Sein ehemaliger Schießwart Hans Meitz zeigte ihm, wie man den Abzug nur mit der Fingerkuppe bedient und nicht mit dem Gelenk, weil das die Waffe zur Seite ziehen kann. „Er machte gute Fortschritte. Zum Schluss hat er ziemlich gut geschossen, auf 25 Metern dicht am Schwarzen", sagt er. [...] Zu Hause erzählte Robert wenig vom Verein. Aber er erzählte, dass die Waffen dort aufbewahrt würden. Dass Robert selbst zwei Waffen besaß, wussten seine Eltern, wie sie sagen, nicht. [...] Und der große Bruder, sein großes Vorbild? Peter Steinhäuser, der Sonnenschein der Familie, groß, dunkle Haare, der exzellente Handballtorwart? Der bemerkte nichts, weil er nicht mehr zu Hause wohnte. Robert muss sich neben Peter gefühlt haben wie das hässliche Entlein, picklig, käsig, schüchtern und klein, immer zweite Wahl. [...] Es gab diese Momente, wo die Eltern ganz kurz Verdacht schöpften. Es war drei Wochen vor dem 26. April. Da sah die Mutter, dass der Schulrucksack leer war. „Gehst du etwa nicht mehr in die Schule?", fragte sie. „Ruf doch an, natürlich gehe ich da noch hin", sagte er. Der Anruf unterblieb.

Und dann, am 11. April, einen Tag bevor sie mit ihrem Mann in Urlaub fuhr, suchte Christel Steinhäuser eine Reisetasche und fand sie in Roberts Zimmer; voll und schwer war sie, und ein kleines Vorhängeschloss baumelte am Reißverschluss. „Willst du sie haben?", fragte er. „Lass nur, ich nehme eine andere", sagte sie.

Hätte sie doch nur nachgefragt. Das Schloss geöffnet. Wäre sie doch bloß schärfer und bestimmter gewesen. „Der Zufall hat uns nicht geholfen, nicht ein einziges Mal", sagt der Vater.

[...]

Klaus Brinkbaumer, Dominik Cziesche, Ralf Hoppe, Felix Kurz, Cordula Meyer, Irina Repke, Sven Röbel, Alexander Smoltczyk, Andreas Wassermann, Steffen Winter

Aus: DER SPIEGEL 19/2002

- *Formuliere mithilfe des Textes „Das Spiel seines Lebens" übergeordnete Aspekte für eine Mindmap zu Robert Steinhäusers Täterprofil.*

- *Erstelle mithilfe der übergeordneten Aspekte eine Mindmap zu dem Täterprofil von Robert Steinhäuser.*

Das Täterprofil von Robert Steinhäuser – Lösung

Eigenschaften:
- als Kind anhänglich (74), unsicher (227), introvertiert (46 f.)
- tierlieb (17)
- als Jugendlicher zunehmend introvertierter (79 ff.), ernster und verschlossener (95 f.)
- flüchtet sich in von Gewalt dominierte andere Welten (120 ff.)
- Nichtraucher (212)
- Einzelgänger (212, 250)
- still (224), distanziert (225), nicht grundsätzlich aggressiv (225 f.), eher höflich, freundlich (229)
- seit Misserfolgen auf Gymnasium kein Ehrgeiz (247 ff.)
- lügt (270 ff.)
- berechnend, kaltblütig, ohne Gewissen (61 ff., 182 f.)
- verzweifelt, ohne Lebenswillen, perspektivlos (208 ff.)
- schizophren?

Interessen:
- Waffen: Schießtraining, Waffenbesitzkarte, Erwerb einer 9-mm-Pistole und einer Pumpgun (49 f., 125 ff., 314 ff.)
- Computer: v.a. Ego-Shooter-Spiele (54 f., 148 ff.)
- Musik: v.a. Metal- und Teufelsanbeter-Fraktion (131 ff.)

Robert Steinhäuser: Täterprofil

Verbrechen:
- tötet acht Lehrerinnen, vier Lehrer, eine Sekretärin, eine Schülerin, einen Schüler und einen Polizisten (61 ff.) und anschließend sich selbst

familiäres Umfeld:
- Vater: distanziertes Verhältnis (15 f.)
- Mutter: emotionales, liebevolles Verhältnis (17, 220 f.)
- großer Bruder: distanziertes Verhältnis, Neid? (349 ff.)
- Katze: Verantwortung, Liebe (17)

Schule:
- vor Gymnasium guter Schüler (104 f.), höflich, strebsam (104 f.)
- auf Gymnasium (sehr) schlechte Noten (111, 247 ff.)
- wird u.a. von Lehrern gedemütigt (263 ff.)
- schwänzt, fälscht Atteste (270 ff.)
- wird von Gymnasium verwiesen (60)

Steckbriefe von Gary Searle und Brendan Lawlor

Steckbrief von Gary (S. 14–18)

Name: _____

Wohnort: _____

Familie: _____
_____
_____

Äußere Merkmale: _____
_____
_____

Charaktereigenschaften: _____
_____

Fähigkeiten/Talente: _____
_____

Aktuelle Situation: _____
_____

Zeichne Gary oder klebe ein passendes Bild ein!

Steckbrief von Brendan (S. 19–24)

Name: _____

Wohnort: _____

Familie: _____
_____
_____

Äußere Merkmale: _____
_____
_____

Charaktereigenschaften: _____
_____

Fähigkeiten/Talente: _____
_____

Aktuelle Situation: _____
_____

Zeichne Brendan oder klebe ein passendes Bild ein!

■ *Fertige einen Steckbrief über Gary Searle an, wenn du eine Eins gezählt hast, bzw. über Brendan Lawlor, wenn du eine Zwei gezählt hast. Ergänze deinen Steckbrief um den noch offenen mithilfe der Ergebnisse deines Sitznachbarn.*

Steckbriefe von Gary Searle und Brendan Lawlor
(Lösung)

Steckbrief von Gary (S. 14 – 18)	
Name:	Gary Searle
Wohnort:	Middletown, USA
Familie:	Eltern nach viel Streit geschieden, lebt bei Mutter Cynthia, kein Kontakt zu Vater, der keine Alimente zahlt, Gary leidet unter familiären Verhältnissen
Äußere Merkmale:	rötlich braune Haare, große runde Augen übergewichtig (deswegen schon in Grundschule gehänselt)
Charaktereigenschaften:	geheimnisvoll, manchmal weggetreten, höflich, zuverlässig, manchmal sehr verschlossen
Fähigkeiten/Talente:.	guter Schüler, am Computer der Beste
Aktuelle Situation:	Amoklauf mit anschließender Selbsttötung durch Kopfschuss am Freitag, den 27. Februar um 22.00 Uhr in Turnhalle der Middletown Highschool
Steckbrief von Brendan (S. 19 – 24)	
Name:	Brendan Lawlor
Wohnort:	bis Mitte 7. Schuljahr Springfield, USA, dann Middletown, USA
Familie:	Eltern freundlich, hilfsbereit, Haus und Garten gepflegt, Mutter versteht sein Verhalten oft nicht, ist ratlos, sucht aber keine Hilfe von außen
Äußere Merkmale:	mittelgroß, dünn, sportliche Figur
Charaktereigenschaften:	klug, witzig, schlagfertig, laut, launisch, ein wenig nervös, misstrauisch, ausgeprägter Gerechtigkeitssinn
Fähigkeiten/Talente:	in Springfield lauter, aber sehr guter und beliebter Schüler (mit Ausnahme von Grammatik), guter Sportler/Läufer/Fußballspieler
Aktuelle Situation:	liegt im Dauerkoma, wurde nach Amoklauf durch sich befreiende Geisel am Kopf schwer verletzt

Die Chatsprache

Die Sprache, die heute in sogenannten Chatrooms verwendet wird, gehört zu den neuesten und kreativsten Kommunikationsformen unserer Zeit. Zwei oder mehrere Personen kommunizieren mit an der Tastatur gefertigten Beiträgen, die über das Internet ausgetauscht werden. Aufgrund der schnellen Datenübertragung findet so ein Gespräch fast in Echtzeit statt. Im Unterschied zu der Face-to-face-Kommunikation muss ein Gesprächsbeitrag im Chatroom allerdings erst verfasst und abgeschickt werden, bevor jemand darauf reagieren kann.

Der größte Unterschied zur Face-to-face-Kommunikation ist jedoch, dass man die Personen, mit denen man sich austauscht, nicht in persona vor sich hat, sondern als Internet- und Chatroom-User. Als solcher kann sich jeder die Identität zulegen, die er haben möchte, unabhängig davon, wer oder was er in der realen Welt ist. Der sogenannte Nickname, den sich ein Nutzer eines Chatrooms zulegt, verrät oft sehr viel über diese (gewünschte) Identität.

Neben dem Nicknamen kompensiert ein Mitglied eines Chatrooms die fehlenden auditiven und visuellen Elemente eines Gesprächs mit unterschiedlichen Schriftfarben, sogenannten Emoticons (ein Neologismus aus Emotion und Icon), sogenannten Acronymen und Ausdrücken in Asterisken, um ihre Gefühle auszudrücken.

Emoticons

:-)	hallo, Humor	:-(	Bedauern
;-)	Augenzwinkern	:-I	Ernst
:->	sarkastisches Lächeln	>:->	teuflisches Lächeln
:-o	Überraschung	:-,	Grinsen
:-x	Küsschen	:-#	Verschwiegenheit
:,(	Weinen	:-p	Zunge rausgestreckt

Acronyme

Da Chatroomnutzer möglichst viel Zeit sparen wollen, um so schnell wie möglich ihren Beitrag abschicken und die Reaktion darauf lesen zu können, verzichten sie auf eine vollständige und grammatikalisch richtige Schreibweise. Die Wörter werden unabhängig von den Regeln der Groß- und Kleinschreibung kleingeschrieben und oft verwenden die Chatter Abkürzungen, um vor allem Gefühle schnell auszudrücken. Diese Abkürzungen, von denen im Folgenden einige der gängigsten aufgelistet sind, nennt man Akronyme.

lol	laughing out loud	laut herauslachen
n8	night	(gute) Nacht
re	return	bin zurück
afk	away from keyboard	bin nicht an der Tastatur
bagmo	baby give me more	gib mir/erzähl mir mehr
2mo2y	to me or to you	Gehen wir zu mir oder zu dir?
wtf	what the fuck	was zur Hölle
rgds	regards	Grüße
es	evil smile	teuflisches Grinsen
2hot4u	to hot for you	zu heiß für dich/ geht dich nichts an
hane	have a nice evening	hab einen schönen Abend
hand	have a nice day	hab einen schönen Tag
ohdh	old habits die hard	was der Bauer nicht kennt
to l8	to late	zu spät
cu	see you	(wir) sehen uns
ptmm	please tell me more	bitte erzähl mir mehr
bs	big smile	breites Grinsen
eoc	end of communication	Ende des Gesprächs/Chats

Stehen diese Akronyme in Sternchen, sogenannten Asterisken, bedeutet das, dass der Autor die in den Sternchen stehende Aktion gerade selbst durchführt, z. B. *lol*

(Für weitere Informationen s. auch www.michael-beisswenger.de, 2007)

- Lies die Seiten 57f., 68–71, 78f. und 89f.
- Welchen Nicknamen trägt Gary, welchen Brendan? Wie könnte man die Namen jeweils übersetzen? Stelle Vermutungen darüber an, welche Aussagen die Nicknamen über die Identität von Gary und Brendan treffen.
- Finde Beispiele für Emoticons und Acronyme und erkläre ihre Bedeutung. Welche Wirkung hat die Verwendung der Chatsprache auf den jugendlichen Leser, welche auf den erwachsenen?

Gary Searle und Brendan Lawlor als Typen

Die Definition des Begriffs „Typ"

Der Begriff „Typ" geht auf das griechische Wort für „Gestalt" bzw. „Vorbild" zurück. Damit ist die Grundform oder Urgestalt einer Gruppe gemeint, z.B. „Typ Mensch". Darüber hinaus kann darunter auch das Muster verstanden werden, das den Charakter oder die Gestalt einer solchen Gruppe darstellt, z.B. „Typ Macho". Dabei wird unterschieden zwischen einem Durchschnittstyp und einem Idealtyp, der die wesentlichen Eigenschaften und Beziehungen verkörpert, während tatsächlich vorkommende Realtypen in der Regel Mischtypen sind.

Nach http://lexikon.meyers.de/meyers/Typus 2007

■ *Inwiefern handelt es sich bei Gary Searle, Brendan Lawlor und Robert Steinhäuser um „Typen"?*

_____
_____
_____
_____
_____
_____
_____
_____
_____
_____
_____
_____
_____
_____
_____
_____

Die szenische Interpretation: Das Standbild

Ein Standbild ist eine mit Körpern von Personen einer Lerngruppe gestaltete Darstellung beispielsweise eines Charakters. Dabei können Beziehungen von Personen zueinander sowie Haltungen, Einstellungen und Gefühle verbildlicht werden – und das alles ohne Worte. Ein Regisseur (oder „Bildhauer") bildet und modelliert Schritt für Schritt aus den Körpern von Mitschülern ein Standbild. Damit bringt er auf der Grundlage dessen, worauf sich alle vorher in der Gruppe verständigt haben, zum Ausdruck, wie er den Charakter sieht und interpretiert. Die Spieler, die geformt werden, nehmen wie bewegliche Puppen die Haltungen – einschließlich der Mimik und Gestik – ein, die ihnen gegeben werden. Um zu einem zufriedenstellenden Ergebnis zu gelangen, ist es notwendig, nach einer bestimmten Reihenfolge vorzugehen:

1. Gemeinsam werden aus dem Personenverzeichnis auf dem Arbeitsblatt 10 drei Charaktere ausgesucht, die mithilfe eines Standbildes dargestellt werden sollen, und die dazu angegebenen Textstellen gelesen.

2. Anschließend werden besonders charakteristische Textstellen aus dem Buch herausgesucht und markiert, auf Basis derer das Standbild entwickelt werden soll.

3. Daraufhin wird zu jeder der drei Personen ein Standbild erarbeitet, in dem durch Körperhaltung, Gestik und Mimik (und möglicherweise auch Beziehung zu einem anderen Charakter) die typischen Charaktereigenschaften ausgedrückt und damit für den Betrachter erkennbar werden. (Beispiele: An Person X fällt besonders auf, dass er arrogant ist, dann trägt er in dem Standbild seine Nase oben und schaut abfällig auf andere. An Person Y fällt besonders auf, dass er introvertiert ist und keine Freunde hat, dann steht er mit dem Rücken zu einer Gruppe von Personen.)

4. Nun kann ein Regisseur bestimmt werden, der die Darsteller zu einem Standbild formt. Dabei helfen natürlich alle anderen mit, das letzte Wort hat aber der Regisseur. Da es sehr schwer ist, körpersprachliche Anweisungen (z. B. zu Gestik und Mimik) verbal zu vermitteln, ist es am besten, wenn der Regisseur den Darstellern vormacht, wie sie stehen, gucken … sollen. Gegenstände aus dem Klassenzimmer können dabei natürlich in das Standbild eingebaut werden.

5. Wenn das Standbild fertig geformt ist, erstarren die Mitspieler auf das Zeichen des Erbauers für etwa eine halbe Minute in der ihnen zugewiesenen Haltung und merken sich diese. In der gleichen Weise präsentieren sie das Standbild schließlich den Mitschülern der anderen Gruppen. Dabei darf nicht gesagt werden, welche Personen dargestellt werden; das sollen die Zuschauer anhand der Standbilder erkennen.

Nachdem das Standbild von den Zuschauern beschrieben, einer Person zugeordnet und interpretiert worden ist, sollen sowohl der Regisseur als auch die Darsteller Stellung zu ihren Absichten und Vorstellungen beziehen. Es ist unvermeidbar, dass jedes Detail des Standbildes von den Zuschauern als wichtig empfunden wird und deshalb Sinn machen sollte!

Personenverzeichnis für die Entwicklung der Standbilder

Gary Searle

Brendan Lawlor

Ryan Clancy — Freund von Gary und Brendan (S. 15–17, 26, 29, 34–40, 45–47, 53, 56f., 60–63, 67f., 77f., 84–88, 91–93, 96, 109, 132, 143)

Allison Findley — Vertraute der beiden, zeitweilige Freundin von Gary (S. 15, 31–35, 46f., 52f., 62, 64f., 75f., 83–85, 94, 96, 98, 102, 107–108, 116f., 124, 129, 136f., 142)

Emily Kirsch — ehemalige Freundin von Brendan (S. 26–28, 31f., 38f., 54, 65, 73f., 80, 92f., 95f., 141)

Dustin Williams — Nachbar von Brendan in Middletown, Football-Spieler afrikanischer Abstammung (S. 25, 28f., 42, 48f., 55, 71, 73, 79f., 82f., 93, 98–100, 102f., 111–114, 118f., 122, 125–131, 133f., 136–138)

Sam Flach — Football-Spieler (S. 54, 74, 103, 110, 138)

Paul Burns — Football-Spieler (S. 44f., 52f., 100, 108–114, 117f., 124–126, 131f.)

Deirdre Bunson — Cheerleaderin in der Football-Mannschaft (S. 35, 40f., 108–110, 112, 114f., 122–124, 127, 133)

F. Douglas Ellin — Biologielehrer an der Middletown Highschool (S. 54f., 66–68, 78, 140–142)

Cynthia Searle — Mutter von Gary Searle (S. 16f., 48, 64, 141f.)

■ *Bildet mithilfe der Arbeitsblätter 9 und 10 und des Romans „Ich knall euch ab!" ein Standbild zu dem Verhältnis von drei von euch ausgewählten Personen.*

Mögliche Tatmotive von Gary und Brendan

■ *Lies dir die folgenden Seiten noch einmal durch. Formuliere für die angegebenen Textstellen jeweils ein dazu passendes Tatmotiv.*

Seite 15 f.
_____

Seite 17
_____

Seite 23, 66 f.
_____

Seite 23, 101 f., 105 f., 128
_____

Seite 24 f.
_____

Seite 28, 31, 72, 120
_____

Seite 34–37, 45 f.
_____

Seite 36 f., 43, 121
_____

Seite 38
_____

Seite 61, 71
_____

Seite 62, 68
_____

Seite 66, 89
_____

Seite 70
_____

Rede von Bundespräsident Johannes Rau zum Gedenken an die Opfer des Mordanschlages, gehalten am 3. Mai 2002 vor dem Dom zu Erfurt (Auszug)

[...]
Wir sind ratlos, und wir spüren, dass schnelle Erklärungen so wenig helfen wie schnelle Forderungen. Diese Stunde der Trauer ist aber auch eine Stunde der Besinnung.

In den Tagen nach der Untat haben wir gefragt: Wie kann ein Mensch so etwas tun? Viele aus der Umgebung des Täters haben gesagt: Wir kannten ihn eigentlich nicht sehr gut.

In diesem Satz zeigt sich eine Entwicklung unserer Gesellschaft insgesamt. Wir leben miteinander und kennen uns häufig nicht. Wir gehen miteinander zur Schule oder zur Arbeit und wir kümmern uns oft nicht um den anderen.

Wenn unsere Gesellschaft zusammenhalten soll, wenn unsere Familien, unsere kleinen Gemeinschaften, unsere Schulen, unsere Betriebe, unsere Vereine zusammenhalten sollen, dann müssen wir uns umeinander kümmern.

Wir brauchen zweierlei: Wir müssen einander achten und wir müssen aufeinander achten.

Wir müssen einander achten: Niemand darf abgedrängt werden, niemand darf an einen Punkt kommen, an dem er glaubt, sein Leben sei nichts wert, weil er in einem bestimmten Bereich nur wenig leisten kann, weil er „nichts bringt", wie man so sagt. Kein Mensch kann leben ohne Zuwendung, ohne Geborgenheit, ohne Liebe. Jeder ist wertvoll durch das, was er ist, und nicht durch das, was er kann. Wir müssen aber auch aufeinander achten: Es darf uns nicht gleichgültig sein, wenn unsere Freunde, unsere Schulkameraden, unsere Kinder, unsere Kollegen nicht mehr mitkommen, wenn sie Wege gehen, die ins Abseits führen, wenn sie aus der Wirklichkeit in die Scheinwelten von Drogen oder elektronischen Spielen flüchten.

Aufeinander achten, das heißt, einander mitnehmen, füreinander da sein.
[...]

Quelle: www.bundespraesident.de
Reden und Interviews (2007)

- *Arbeite die Ursachen für die Tat von Robert Steinhäuser heraus, die Johannes Rau in seiner Rede anspricht. Ergänze auf dieser Grundlage die Tabelle zu den Verantwortungsbereichen für die Tatmotive.*

- *Untersuche die sprachlichen Mittel, die Johannes Rau in seiner Rede verwendet, indem du das sprachliche Mittel benennst und jeweils seine Wirkung und seine Funktion erläuterst.*

Baustein 3
Mobbing und virtuelle Gewalt

Mobbing und virtuelle Gewalt sind spätestens seit dem Amoklauf am Gutenberg-Gymnasium in Erfurt die am häufigsten genannten und diskutierten Ursachen einer solchen Tat. Die Schülerinnen und Schüler sollen dazu befähigt werden, an einer öffentlichen Diskussion über die Gründe teilzunehmen und auf der Grundlage solider Kenntnisse eine differenzierte, kritische Haltung einzunehmen. Dazu gilt es, die bislang erarbeiteten Ergebnisse zu vertiefen. Das kann auf mehreren Wegen gelingen.

Es wird vorgeschlagen, dass die **Arbeitsblätter 13–25**, S. 61–77 von den Schülern selbstständig bearbeitet werden, und zwar in chronologischer Reihenfolge, da sie aufeinander aufbauen. Da es weder realisierbar noch erforderlich ist, dass die Schülerinnen und Schüler sich mit beiden übergeordneten Themen, Mobbing und virtuelle Gewalt, beschäftigen, ist es sinnvoll, dass sie sich im Vorfeld für ein Thema entscheiden. Durch die weitgehend offene Form des Unterrichts, die den Schülerinnen und Schülern einen organisatorischen Freiraum lässt und das selbstständige Arbeiten fördert, sowie durch die Wahlmöglichkeit ist die Motivation für die vertiefte Auseinandersetzung hoch. Die Lehrperson steht in erster Linie für Beratungen und Hilfestellungen zur Verfügung. Jene, die sich nicht entscheiden können oder wollen, werden einem Thema zugewiesen, das weniger Zulauf erhalten hat als das andere, sodass die beiden Themen quantitativ gleich stark besetzt sind. Das Ziel jeder Gruppenarbeit ist die Auswertung eines Fragebogens, in dem die Schülerinnen und Schüler ihre erarbeiteten Kenntnisse anwenden und auf ihr persönliches Lebensumfeld beziehen sollen. Die Ergebnisse dieser Auswertung werden in der ganzen Klasse vorgestellt. Um den Überblick über das Material zu den beiden Themen zu behalten, wird empfohlen, die Arbeitsblätter 13–25 auf farbiges Papier zu kopieren, die Arbeitsblätter 13–19 beispielsweise auf gelbes und die Arbeitsblätter 20–25 auf (hell-)blaues. Das erleichtert nicht nur das Austeilen am Anfang, sondern auch das Einsammeln und Ordnen am Ende der Unterrichtsstunde.

Alternativ können die Arbeitsblätter 13–25 auch im geschlossenen Unterricht eingesetzt werden. In diesem Fall ist es sinnvoll, eine Auswahl zwischen den zu bearbeitenden Arbeitsblättern zu treffen.

3.1 Mobbing

Die Schülerinnen und Schüler sollen mithilfe des **Arbeitsblattes 13**, S. 61 die Trends der Werteentwicklung bei Jugendlichen erarbeiten. Als Quelle dienen die Ergebnisse der Shell-Jugendstudie, deren Untersuchung ergeben hat, dass vor allem leistungs-, macht- und anpassungsbezogene Wertorientierungen zunehmen. Damit wollen die Jugendlichen die Gesellschaft, in der sie aufwachsen und leben, nicht mehr verändern, sondern sich möglichst gut in ihr zurechtfinden. Das ist im Hinblick auf den Konformitätsdruck, unter dem sogenannte Außenseiter leiden, aufschlussreich. Anders als frühere Generationen hat die heutige Generation der Jugendlichen so gut wie kein öffentlich wirksames Forum mehr, das ihr erlaubt, anders zu sein als die anderen und von diesen trotzdem akzeptiert zu werden.

Baustein 3: Mobbing und virtuelle Gewalt

■ Legt eine Tabelle zu Werten von Jugendlichen an. Schreibt in eine Spalte, welche Werte Jugendlichen sehr wichtig sind, und in die andere Spalte, welche Werte Jugendlichen unwichtig sind. Ihr könnt die Nennungen im Text dabei ergänzen.

Sollten die in diesem Baustein zur Verfügung gestellten Arbeitsblätter im geschlossenen Unterricht eingesetzt werden, könnte die Auswertung folgendes Tafelbild ergeben:

Werte von Jugendlichen

Was Jugendlichen wichtig ist	Was Jugendlichen nicht wichtig ist
Partnerschaft	Ökologisches Engagement (z. B. aktiver Umweltschutz)
Freundschaft	Soziales Engagement (z. B. Ehrenamt bei einer karitativen Einrichtung)
Gutes Familienleben	Politisches Engagement (z. B. Jugendarbeit in einer politischen Partei)
Kontaktfreude	
Fleiß	
Ehrgeiz	
Erfolg	
Leistung	
Macht	
Anpassung	

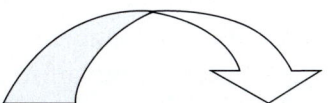
In der Gesellschaft zurechtkommen

Die Gesellschaft verändern

Das **Arbeitsblatt 14**, S. 62 soll den Schülerinnen und Schülern einen Erklärungsansatz für die Werteentwicklung der Jugendlichen geben.

■ Legt eine Tabelle an: Welche Werte werden einem Kind vermittelt, das von seinen Eltern erzogen wird? Welche Werte werden einem Kind vermittelt, das auf sich alleine gestellt ist?

Kinder, die in einer intakten Familie aufwachsen und von ihren Eltern erzogen werden, lernen bereits in der Familie den zwischenmenschlichen Umgang mit Jüngeren und Älteren und erproben dabei auch ihre Konfliktfähigkeit. Die Verbindlichkeit der Beziehung zu den Eltern und möglicherweise auch zu den Geschwistern schafft Vertrauen in andere Menschen. Kinder lernen im besten Fall, sich als Teil einer Gemeinschaft zu verstehen, in der jeder Einzelne etwas ganz Besonderes ist. Ein Kind, das auf sich alleine gestellt ist, weil seine Eltern sich nicht um es kümmern können oder wollen, bekommt vermittelt, dass man sich im Zweifelsfall nur auf sich selbst verlassen kann. Es ist eine Art Schutzmechanismus, der in Gang gesetzt wird, denn wenn man immer wieder erfährt, dass Beziehungen auseinandergehen und Trennungen sehr schmerzhaft sind, zieht man sich irgendwann zurück. Das kann in der Einstellung münden, dass man nur alleine unabhängig sein und sich selbst verwirklichen kann.

Neben der Familie üben die sogenannten Peer-Groups einen mitunter großen Einfluss auf die Jugendlichen aus. Mithilfe des **Arbeitsblattes 15**, S. 63 soll den Schülerinnen und Schü-

Baustein 3: Mobbing und virtuelle Gewalt

lern der Begriff anhand von zu sammelnden Beispielen deutlich werden. Dabei sollen sie über die Vor- und Nachteile einer Peer-Group nachdenken.

- *Sammelt Beispiele für Peer-Groups und notiert jeweils typische Werte, die in dieser Peer-Group vermittelt werden.*
- *Legt eine Tabelle an: Welche Vor- und welche Nachteile kann eine Peer-Group haben?*

Beispiele, die von den Schülerinnen und Schülern aus dem Text herausgearbeitet werden können, sind Punks und Skater. Weitere Peer-Groups sind Gothik-Fans, Motorradfahrer, Golf-Fahrer, Hip-Hopper, Popper usw. Die Liste kann um viele weitere Nennungen ergänzt werden und möglicherweise auch ganz andere Begriffe beinhalten als die genannten. Denn an den Peer-Groups hat sich in den letzten Jahren kaum etwas geändert, sie werden nur immer neu bezeichnet: Den, den man in den 80er-Jahren als Popper bezeichnet hätte, nennt man heute möglicherweise Polohemden-Träger. Daher wird die Lehrperson an dieser Stelle viel von den Schülerinnen und Schülern lernen können. Es sollte aber darauf geachtet werden, dass die Werte, die den Peer-Groups zugeordnet werden, so neutral wie möglich formuliert werden und keine Vorurteile enthalten. Darauf sollten die Schülerinnen und Schüler explizit hingewiesen werden. So wird das Risiko minimiert, dass sich jemand angegriffen fühlt, der einer der genannten Peer-Groups nahesteht.

Vorteile einer Peer-Group können sein, dass man mit Gleichgesinnten zusammen ist, die das Selbstvertrauen stärken. Man fühlt sich von diesen Menschen verstanden. Das ist gerade dann wichtig, wenn das Verhältnis zu anderen möglichen Bezugspersonen wie den Eltern oder Lehrern gestört ist. Problematisch kann eine Peer-Group dann sein, wenn sie als Sozialisierungsinstanz unsoziale oder sogar illegale Verhaltensweisen vermittelt, beispielsweise Gewalt auszuüben, zu stehlen, Drogen zu nehmen oder zu vertreiben, Schutzgeld zu erpressen, Schwächere zu demütigen usw. Sie sollte auch nicht zu der einzigen Anlaufstelle eines Jugendlichen werden, da die Gefahr groß ist, dass es kein ausgleichendes oder relativierendes Gegengewicht gibt.

- *Um was für eine Peer-Group handelt es sich bei der abgebildeten wohl? Welche Werte kommen in der Abbildung zum Ausdruck?*

Die Werbeanzeige zeigt auf, welche Peer-Groups als „in" bezeichnet werden. Es handelt sich um Peer-Groups, deren Mitglieder die aus der Shell-Jugendstudie erarbeiteten Werte von Jugendlichen verkörpern: Ehrgeiz, Erfolg, Leistung, Macht, Anpassung. Das macht noch einmal deutlich, wie schwer es Jugendliche haben, die diese Werte nicht teilen, und wie groß die Gefahren sind, dass sie sich vom Rest der Welt unverstanden fühlen und dagegen verschwören.

Mithilfe des **Arbeitsblattes 16**, S. 64 soll deutlich werden, dass sich der Begriff „Hackordnung" zwar auf den Menschen und die Gesellschaft, in der er lebt, anwenden, dabei aber gleichzeitig auch nicht von den Tieren abgrenzen lässt. Hier soll es nicht darum gehen, jemanden namentlich zu diskreditieren, deshalb soll die bestehende Hackordnung an der Schule mit Symbolen wiedergegeben werden. Das können beispielsweise Markennamen, Musikgruppen, Frisuren oder Sportequipment sein.

- *Gibt es eine solche „Hackordnung" an deiner Schule? Wenn ja, zeichne die einzelnen Stufen auf einer „Hühnerleiter" auf und bezeichne sie mit einem für diese Peer-Group typischen Symbol. Du darfst keine Namen nennen, das würde die Persönlichkeitsrechte verletzen, die jede(r) hat, egal, auf welcher Stufe du ihn oder sie siehst.*

Baustein 3: Mobbing und virtuelle Gewalt

> ■ *Markiere mit einem Kreuz die Stufe, auf der du deiner Ansicht nach selbst stehst. Überlege, wie du dich denjenigen, die auf der „Hühnerleiter" unter dir stehen, gegenüber verhalten hast.*

Die Schülerinnen und Schüler sollen den Bezug zu ihrer eigenen Lebenswelt herstellen und nicht nur reflektieren, wer sie „hackt", sondern wen sie möglicherweise selbst „hacken". Diese „Hühnerleiter" sollte nicht ausgewertet werden, sondern als Teil des individuellen Bewusstwerdungsprozesses in den Unterlagen der Schülerin bzw. des Schülers verbleiben. Im Anhang findet sich als **Zusatzmaterial 2**, S. 101 ein Text über die Bedeutung des Begriffs „Mobbing". Je nachdem, wie umfangreich die Kenntnisse der Schülerinnen und Schüler sind bzw. werden sollen, kann die Lehrperson diesen zu diesem Zeitpunkt in den Unterricht einfließen lassen. Das **Arbeitsblatt 17**, S. 65 dient dazu, den Zusammenhang zwischen Frustration und Aggression aufzuzeigen.

> ■ *Erklärt mithilfe der Grafik den Kreislauf von Frustration und Aggression an einem Beispiel.*

Die Schülerinnen und Schüler sollen erkennen, dass es sich bei dem Kreislauf um einen Teufelskreis handelt, der auf das gelernte Verhalten zurückzuführen ist. Ein Kind, das ausgelacht wird, weil es etwas nicht kann, deutet das Lachen als Demütigung, wenn es nicht selbstbewusst genug ist, selbst darüber zu lachen. Es ärgert sich und reagiert schließlich in der Weise, die es vermittelt bekommen hat: in einer unterdrückt oder offen aggressiven. Da es diese Frustration aber danach wieder empfindet, wenn eine vergleichbare Situation auftritt, kann es diesem Teufelskreis nur entkommen, wenn es etwas über sein Verhalten lernt und es ändert. Die Schülerinnen und Schüler sollen ihr Problem- sowie Empathiebewusstsein schulen, indem sie darüber nachdenken.

> ■ *Welche Möglichkeiten seht ihr, diesem Kreislauf zu entkommen? Schreibt sie auf.*

Im nächsten Schritt soll der Bogen zu dem Schul-Amok geschlagen werden. Die Schülerinnen und Schüler erarbeiten mithilfe des **Arbeitsblattes 18**, S. 66 den Begriff und halten im Anschluss fest, welchen Zusammenhang sie zwischen Schul-Amok und Mobbing sehen.

> ■ *Gib in deinen eigenen Worten wieder, was man unter einem Schul-Amok versteht.*
>
> ■ *Halte fest, in welchem Zusammenhang Mobbing und Schul-Amok stehen können.*

Ein Schul-Amok ist eine besondere Form des Amoklaufs von Jugendlichen an ihren eigenen oder ihnen bekannten Schulen. Ein spezifisches Merkmal des Schul-Amoks ist die Planung und Vorbereitung der Tat, deren Opfer bewusst ausgesucht werden und oft auf einer sogenannten Todesliste wiederzufinden sind. Die Motive sind Hass und Rache an einer Welt, von der die Täter sich ausgegrenzt fühlen. Zur Erklärung des Zusammenhangs zwischen Mobbing und Schul-Amok sollte die Grafik auf dem **Arbeitsblatt 17**, S. 65 noch einmal herangezogen werden.
Damit sind die Kenntnisse zum Thema „Mobbing" so weit vertieft worden, dass die Schülerinnen und Schüler nun in der Lage sind, mithilfe des **Arbeitsblattes 19**, S. 67 einen Fragebogen zu entwickeln und die ausgewerteten Ergebnisse der Befragung schließlich der Klasse zu präsentieren.

■ *Erstellt mithilfe des bisher Erarbeiteten einen Fragebogen zum Thema „Mobbing" und präsentiert das Ergebnis der Auswertung der ausgefüllten Exemplare vor der Klasse.*

Je nach Leistungsfähigkeit der Gruppe kann es sinnvoll sein, zusätzliche Anregungen für den Fragebogen zu geben. Dazu dient das **Zusatzmaterial 3**, S. 103.

3.2 Virtuelle Gewalt

Wenngleich sich die Diskussion rund um die Ursachen für Schul-Amokläufe oft auf den Einfluss von Computerspielen konzentriert, schließt das Thema „Virtuelle Gewalt" auch Fernsehen und Filme ein. Nicht zufällig werden diese Medien auch in „Ich knall euch ab!" genannt: „Wir leben in einer gewalttätigen Gesellschaft. Gewaltanwendung wird offenbar von den meisten Leuten für absolut akzeptabel gehalten. Denken Sie zum Beispiel an die Wrestling-Kämpfe im Fernsehen. Auch wenn das alles unecht ist, begeistern wir uns für die Brutalität dieser Vorführungen." (Beth Bender, S. 143)

Die Schülerinnen und Schüler sollen mithilfe des **Arbeitsblattes 20**, S. 69 den Einfluss kennenlernen, den der regelmäßige Konsum von Gewalt zeigenden Sendungen und Filmen auf die Psyche von Kindern und Jugendlichen haben kann.

■ *Erklärt, welchen Einfluss der regelmäßige Konsum von Sendungen und Filmen, die Gewalt zeigen, auf die Psyche von Kindern und Jugendlichen haben kann.*

Neurologen haben festgestellt, dass insbesondere Kinder und Jugendliche die fiktiv erlebte Gewalt in ihrem Unterbewusstsein genauso speichern, als hätten sie diese real erlebt. Daher macht das menschliche Gehirn keinen Unterschied zwischen Realität und Fiktion. In Erinnerung an die auf dem **Arbeitsblatt 17**, S. 65 abgedruckte Grafik, die den Schülerinnen und Schülern, die dieses Thema bearbeiten, ebenfalls zur Verfügung gestellt werden kann, greift ein Mensch damit unter Umständen auf Erfahrungen zurück, die ihm in Sendungen und Filmen vermittelt wurden. Da er sich nicht darüber bewusst ist, dass es sich um eine Fiktion handelt, kann man sagen, dass eine Filmhandlung zum Vorbild werden kann.

Die Schülerinnen und Schüler sollen im Anschluss daran eine Liste mit Sendungen und Filmen anlegen, in denen Gewalt gezeigt wird, und ein Kreuz neben diejenigen setzen, die sie trotz Altersbeschränkung schon gesehen haben.

■ *Lege eine Liste mit solchen Fernsehsendungen und Filmen an und schreibe, wenn möglich, die Altersbeschränkung daneben. Mache ein Kreuz neben die Sendungen und Filme, die du gesehen hast, obwohl du nach Einschätzung der FSK noch zu jung warst.*

Leider findet heute kaum noch eine an der Altersbeschränkung der FSK orientierte Kontrolle der Sendungen und Filme statt, die Jugendliche sich anschauen. Es ist üblich, dass sie einen eigenen Fernseher in ihrem Zimmer stehen und damit oft uneingeschränkten Zugang zu allen Programmen haben. Daher verwundert es kaum, dass die wenigsten Jugendlichen die Altersbeschränkung ernst nehmen. So setzen sie sich mitunter nicht einmal bewusst darüber hinweg, sondern wissen erst gar nicht, welche Altersgrenze festgelegt ist. Das dürfte nicht nur für Kinofilme gelten, sondern vor allem für Fernsehserien wie „CSI – Den Tätern auf der Spur", die Bilder aus der Gerichtsmedizin von offenen Torsos, die nicht erkennen lassen, dass es sich um Nachbildungen handelt, in die Kinder- und Jugendzimmer ausstrahlen. Dabei verschwimmt die Grenze zwischen Sendungen und Filmen ab 12 Jahren und ab 16 Jahren am deutlichsten.

Ähnlich verhält es sich mit den Ego-Shootern. Mithilfe des **Arbeitsblattes 21**, S. 70 sollen die Schülerinnen und Schüler diesen Begriff zunächst mit ihren eigenen Worten erklären.

■ *Erklärt mit eigenen Worten, was ein Ego-Shooter ist.*

Unter einem Ego-Shooter versteht man ein Spiel, das aus der Ich-Perspektive gesteuert wird und dessen Ziel es ist, so viele Gegner wie möglich zu erschießen. Mittlerweile unterscheidet man zwischen Einzel- und Mehrspieler-Modi und Subgenres mit den jeweils für sie typischen Spielstrategien. Ein entscheidendes Merkmal eines Ego-Shooters ist die menschliche oder menschenähnliche Gestalt der Spielfigur. Auf dieser terminologischen Grundlage sollen die Schülerinnen und Schüler über den möglichen Einfluss, den das regelmäßige Spielen eines Ego-Shooters auf die Psyche eines Kindes oder Jugendlichen haben kann, nachdenken.

■ *Erläutert, welchen Einfluss das regelmäßige Spielen von Ego-Shootern auf die Psyche von Kindern und Jugendlichen haben kann.*

Wenngleich nicht unumstritten ist, dass Ego-Shooter überhaupt Einfluss nehmen, sind sich die meisten Wissenschaftler darin einig, dass sie bei bestimmten Menschen in Verbindung mit anderen Faktoren zu einer erhöhten Gewaltbereitschaft oder einem erhöhten aggressiven Verhalten führen. Für die abschließend anzulegende Liste für Ego-Shooter, die Altersbeschränkung und eigenen Erfahrungen gilt das Gleiche, wie oben im Kontext der Fernsehsendungen und Filme festgehalten wurde.

■ *Lege eine Liste mit Ego-Shootern an und schreibe, wenn möglich, die Altersbeschränkung daneben. Mache ein Kreuz neben die Computerspiele, die du gespielt hast, obwohl du nach Einschätzung der BPjS noch zu jung warst.*

An dem wohl prominentesten Ego-Shooter, das Jugendliche weltweit spielen, dem Computerspiel „Counter-Strike", sollen die Schülerinnen und Schüler mithilfe des **Arbeitsblattes 22**, S. 72 konkret nachvollziehen, welchen Wert ein menschliches Leben dort hat.

■ *Beschreibt, welchen Wert ein menschliches Leben in dem Computerspiel „Counter-Strike" hat.*

In Counter-Strike geht es darum, den Körper des Gegners möglichst so zu verwunden, dass er den größtmöglichen Schaden davonträgt. Der Kopfschuss und damit die sofortige Tötung des Gegenspielers ist dabei der „effizienteste" Weg. Tötet man „aus Versehen" ein eigenes Teammitglied oder Geiseln, werden Geld bzw. Punkte von einem virtuellen Konto abgezogen. Wenngleich immer wieder darauf verwiesen wird, dass das Spielziel von Counter-Strike nicht die Tötung anderer ist, so ist es doch der einfachste Weg, um dieses zu erreichen. Die Lehrperson muss entscheiden, ob sie Screenshots ergänzen möchte, die im **Zusatzmaterial 4**, S. 104 zu finden sind und den Arbeitsauftrag als visuelles Element unterstützen. Abhängig gemacht werden sollte diese Entscheidung von dem Entwicklungsstand der Schülerinnen und Schüler. Mithilfe des **Arbeitsblattes 23**, S. 74 sollen die Schülerinnen und Schüler die Theorie des Lernens am Modell nachvollziehen.

■ *Haltet die Theorie des Lernens am Modell in euren eigenen Worten fest.*

Nach der Theorie des Lernens am Modell lernen Menschen vor allem im sozialen und sprachlichen Bereich am schnellsten und zielgerichtetsten durch Nachahmung. Die Voraussetzungen dafür sind die Identifikation mit dem Modell, die Vorbildfunktion des Modells, die Erwartung positiver Konsequenzen bei der Nachahmung und das hierarchische Verhältnis zwischen dem Beobachter und dem Modell.

- *Erklärt den Zusammenhang zwischen dem regelmäßigen Konsum von Gewalt darstellenden Fernsehsendungen, Filmen und Ego-Shootern und der Theorie des Lernens am Modell.*

Der Zusammenhang zwischen Sendungen, Filmen und Computerspielen, in denen Gewalt vorkommt, und der Theorie des Lernens am Modell ist, dass die genannten Medien die Modellfunktion einnehmen und zur Nachahmung veranlassen können. Mithilfe des **Arbeitsblattes 24**, S. 75 lässt sich der Bezug zu den Schul-Amokläufen herstellen. Der Begriff „Schul-Amok" sollte demnach auch von den Schülerinnen und Schülern erarbeitet werden, die sich mit dem Thema „Virtuelle Gewalt" beschäftigen.

- *Gib in deinen eigenen Worten wieder, was man unter einem Schul-Amok versteht.*
- *Halte fest, in welchem Zusammenhang virtuelle Gewalt und Schul-Amok stehen können.*

Die bis zu diesem Zeitpunkt vertieften Kenntnisse reichen aus, um den Schülerinnen und Schülern nun mithilfe des **Arbeitsblattes 25**, S. 76 den Arbeitsauftrag zu erteilen, einen Fragebogen zu entwickeln und, wie die Mitschülerinnen und Mitschüler aus der anderen Arbeitsgruppe, die ausgewerteten Ergebnisse der Befragung schließlich der Klasse zu präsentieren.

- *Erstellt mithilfe des bisher Erarbeiteten einen Fragebogen zum Thema „Virtuelle Gewalt" und präsentiert das Ergebnis der Auswertung der ausgefüllten Exemplare vor der Klasse.*

Je nach Leistungsfähigkeit der Gruppe kann es auch hier sinnvoll sein, Anregungen für den Fragebogen hereinzugeben. Dazu kann das **Zusatzmaterial 5**, S. 105 eingesetzt werden.

Notizen

Trends der Werteentwicklung bei Jugendlichen

„Mit Hilfe von Daten von Infratest Sozialforschung ist ein längerfristiger Vergleich der Wertorientierungen Jugendlicher möglich. 2002 wie 1987/88 stehen ‚Partnerschaft' und ‚Freundschaft' ganz oben in der Rangreihe der jugendlichen Werte, dicht gefolgt von den Wertorientierungen ‚gutes Familienleben' und der Kontaktfreude [...]."

Abnehmendes Umweltbewusstsein

„Die Bewertung des Umweltbewusstseins verschob sich allerdings vom 6. auf den 12. Rangplatz des Wertsystems der Jugend und die Wertorientierung ‚Fleiß und Ehrgeiz' ist demgegenüber der größte Aufsteiger der Rangreihe. Sie konnte sich von Platz 15 auf Platz 9 verbessern und liegt nunmehr deutlich vor dem Umweltbewusstsein. Zwar ist den Jugendlichen ihr umweltbewusstes Verhalten nicht unwichtig geworden, denn der Wert von 4.9 bedeutet immerhin eine durchschnittlich positive Wichtigkeit. Dennoch kann von der früheren besonderen Nähe der jungen Generation zum Umweltbewusstsein keine Rede mehr sein.

Der Prioritätenwechsel der Jugend zugunsten der Leistungsorientierung ist ein deutliches Zeichen der Umorientierung. Dieses Signal wird in dieser Drastik nur in der Jugend gesetzt. In der wirtschaftlich angespannten Situation der 90er-Jahre und des beginnenden neuen Jahrtausends haben sich bei männlichen und weiblichen Jugendlichen die Prioritäten deutlich in Richtung des Erfolges in einer leistungsbetonten Gesellschaft verschoben. Dazu kommt der nachlassende Problemdruck durch einen inzwischen deutlich besser wahrgenommenen Umweltschutz."

Leistungs-, macht- und anpassungsbezogene Wertorientierungen nehmen zu

„Ein zusammenfassender Überblick über die Veränderungen der jugendlichen Wertorientierungen zeigt ein dominantes Muster. Leistungs-, macht- und anpassungsbezogene Wertorientierungen nehmen zu, engagementbezogene (ökologisch, sozial und politisch) ab. Die aktuelle Shell-Jugendstudie verwendet dafür den Begriff der Pragmatisierung. Dieser übergreifende Trend bedeutet, dass sich die Prioritäten der Jugendlichen zur persönlichen Bewältigung konkreter und praktischer Probleme verschieben und weg von übergreifenden Zielen der Gesellschaftsreform. Hierzu ist jedoch zu bemerken, dass dieses Muster in moderaterer Form auch in der gesamten Bevölkerung zu beobachten ist. Die Jugendlichen bringen die Entwicklung nur deutlicher zum Ausdruck. Sie haben ihre frühere besondere Nähe zu den Engagementwerten verloren und ihre Distanz zu Leistungs- und Anpassungswerten aufgegeben. Ihr [Verhalten] hat sich insgesamt von einer eher gesellschaftskritischen Gruppe in Richtung der gesellschaftlichen Mitte bzw. der gesellschaftlichen Normalität verschoben."

_{Thomas Gensicke: Individualität und Sicherheit in neuer Synthese? Wertorientierungen und gesellschaftliche Aktivität. In: Deutsche Shell (Hrsg.): Jugend 2002. 14. Shell-Jugendstudie. Fischer Verlag 2002. S. 152ff.}

■ *Legt eine Tabelle zu Werten von Jugendlichen an: Schreibt in eine Spalte, welche Werte Jugendlichen sehr wichtig sind, und in die andere Spalte, welche Werte Jugendlichen unwichtig sind. Ihr könnt die Nennungen im Text dabei ergänzen.*

Veränderte Kindheit und Jugend

Es ist noch gar nicht lange her, da war es die Ausnahme, dass beide Elternteile arbeiten mussten und wenig Zeit hatten, sich um ihre Kinder zu kümmern. In den 80er-Jahren sprach man von „Schlüsselkindern": Der Begriff bezeichnete Kinder, die den Wohnungs- oder Haustürschlüssel umgehängt bekamen, da nach Schulschluss niemand zu Hause war, der ihnen die Tür öffnen konnte.

Heute sind meistens beide Elternteile berufstätig. Zum einen ist es nicht mehr selbstverständlich, dass die Mutter auf eine berufliche Karriere verzichtet, zum anderen können es sich nur noch die wenigsten leisten, auf ein monatliches Einkommen zu verzichten. Für Kinder und Jugendliche bedeutet das, dass sie häufiger auf sich alleine gestellt sind. Denn wenn die Eltern nach Hause kommen, sind sie von ihrer geleisteten Arbeit oft müde. Die Folge ist, dass die Kinder und Jugendlichen immer öfter von dem Fernseh- oder Computerprogramm und immer seltener von ihrer Familie unterhalten werden.

Darüber hinaus wuchsen sie bis vor etwa 30 Jahren in der Regel mit beiden Elternteilen auf. Eine Scheidung der Eltern kam zwar vor, war jedoch längst nicht so normal wie heute. Wie das Statistische Bundesamt mitteilt, wurden allein im Jahr 2005 201 700 Ehen in Deutschland geschieden.

Kinder und Jugendliche müssen sich im Fall der Scheidung ihrer Eltern häufig für die Mutter oder den Vater entscheiden. Damit sind viele überfordert, denn sie haben das Gefühl, mit der Entscheidung deutlich zu machen, wen von beiden sie lieber haben. Eine weitere zu bewältigende Aufgabe stellt eine neue Partnerschaft des einen oder anderen Elternteils dar. Plötzlich gibt es nicht nur eine Mutter, sondern auch noch eine Stiefmutter bzw. einen Stiefvater. Entwickelt man eine Beziehung zu dieser „Ersatzmutter" oder diesem „Ersatzvater", geht damit oft ein schlechtes Gewissen gegenüber der biologischen Mutter oder dem biologischen Vater einher.

Die gegenwärtigen Herausforderungen, denen sich Erziehungsberechtigte stellen müssen, führen nicht zwangsläufig dazu, dass die Erziehung eines Kindes oder Jugendlichen scheitert, aber sie machen Folgendes umso dringender erforderlich:

Junge Menschen müssen das Gefühl vermittelt bekommen, dass sie wertvoll sind. Dazu gehört, dass man sich mit ihnen auseinandersetzt. Sie müssen dazu angeleitet werden, ein gesundes Selbstbewusstsein aufzubauen und sich als Teil einer Gesellschaft zu verstehen. Das fängt in der Familie an und beinhaltet die Erfahrung von verbindlichen Vereinbarungen. Ohne Regeln, an die sich jeder zu halten hat, lernt ein Kind oder ein Jugendlicher nicht, wie er sich später in die Gesellschaft integrieren kann. Auch wenn die Schule diese Entwicklung unterstützen muss, ist es immer noch die Aufgabe der Erziehungsberechtigten, die Fähigkeiten und Fertigkeiten, die damit verbunden sind, zu vermitteln.

■ *Legt eine Tabelle an: Welche Werte werden einem Kind vermittelt, das von seinen Eltern erzogen wird. Welche Werte werden einem Kind vermittelt, das auf sich alleine gestellt ist?*

Peer Groups

Der Begriff „Peer-Group" bedeutet „Gruppe von Gleichaltrigen" oder „Gruppe von Gleichgestellten". Ihm liegt die Beobachtung zugrunde, dass sich vor allem Kinder und Jugendliche stärker an Gleichaltrigen oder Gleichgestellten orientieren als an jemandem, der älter oder ihnen überlegen ist, wie beispielsweise ein Lehrer oder ein Elternteil.

Mehr als die Hälfte aller Kinder und Jugendlichen trifft sich regelmäßig in einer solchen Clique. Peer-Groups dienen dazu, soziale Verhaltensweisen auszuprobieren. Die Kinder und Jugendlichen testen ihre Grenzen, lernen den Umgang mit anderen – und das unter Gleichaltrigen oder Gleichgestellten. Oft tragen die Mitglieder einer Peer-Group äußere Erkennungszeichen, zum Beispiel eine bestimmte Frisur wie die Punks, typische Kleidung wie die Skater oder so etwas wie eine Tätowierung.

Dabei sind diese oft auch wichtige Ansprechpartner, wenn es um Probleme geht. Ganz besonders, wenn es Schwierigkeiten mit den Eltern gibt, sind die Peer-Groups die Bezugsgruppen für die Heranwachsenden. Sie üben dann einen großen Einfluss auf den Jugendlichen aus.

Gefährlich werden Peer-Groups dann, wenn sie Kinder und Jugendliche dazu veranlassen, Gewalt auszuüben, Drogen zu konsumieren, und Aufnahmerituale, Mutproben und Erpressungen dazu benutzen, Einzelne zu unterdrücken.

- *Sammelt Beispiele für Peer-Groups und notiert jeweils typische Werte, die in dieser Peer-Group vermittelt werden.*
- *Legt eine Tabelle an: Welche Vor- und welche Nachteile kann eine Peer-Group haben?*
- *Um was für eine Peer-Group handelt es sich bei der abgebildeten wohl? Welche Werte kommen in der Abbildung zum Ausdruck?*

Verhalten in Gruppen: Hackordnung

„Tiere auf freier Wildbahn schikanieren die schwächeren Mitglieder des Rudels. Teils geschieht dies, um eine Hackordnung festzulegen, teils, damit das Rudel insgesamt nicht geschwächt wird. Bei Kindern ist das nicht anders. Lästern, tyrannisieren, prügeln – mit dergleichen legen die Kinder die Hackordnung untereinander fest. Das mag bedauerlich sein, ist aber unter Kindern natürlich. Es liegt in der Verantwortung der Erwachsenen, dieses Verhalten zu überwachen und zu unterbinden. Dass an unseren Schulen auf Ersteres zu viel und auf Letzteres zu wenig Gewicht gelegt wird, ist sicher ein Fehler."

F. Douglas Ellin in „Ich knall euch ab!", Seite 142

Der Begriff „Hackordnung" stammt von Beobachtungen der Hühner eines Hühnerhofs. Dort ist streng festgelegt, wer wen hacken darf und wen nicht. Das sogenannte Alpha-Huhn, das in der Hackordnung ganz oben steht, darf von keinem Huhn gehackt werden, selbst aber alle Hühner, die unter ihm stehen, hacken. Der Hackordnung entsprechend dürfen also immer nur die Hühner gehackt werden, die in der Rangfolge nach einem kommen. Das sogenannte Omega-Huhn, das in der Hackordnung ganz unten steht, darf selbst kein Huhn hacken, von jedem anderen Huhn aber gehackt werden.

- *Gibt es eine solche „Hackordnung" an deiner Schule? Wenn ja, zeichne die einzelnen Stufen auf einer Hühnerleiter auf und bezeichne sie mit einem für diese Peer-Group typischen Symbol. Du darfst keine Namen nennen, das würde die Persönlichkeitsrechte verletzen, die jede(r) hat, egal, auf welcher Stufe du ihn oder sie siehst.*

- *Markiere mit einem Kreuz die Stufe, auf der du deiner Ansicht nach selbst stehst. Überlege, wie du dich denjenigen gegenüber, die auf der Hühnerleiter unter dir stehen, verhalten hast.*

Der Teufelskreis von Frustration und Aggression

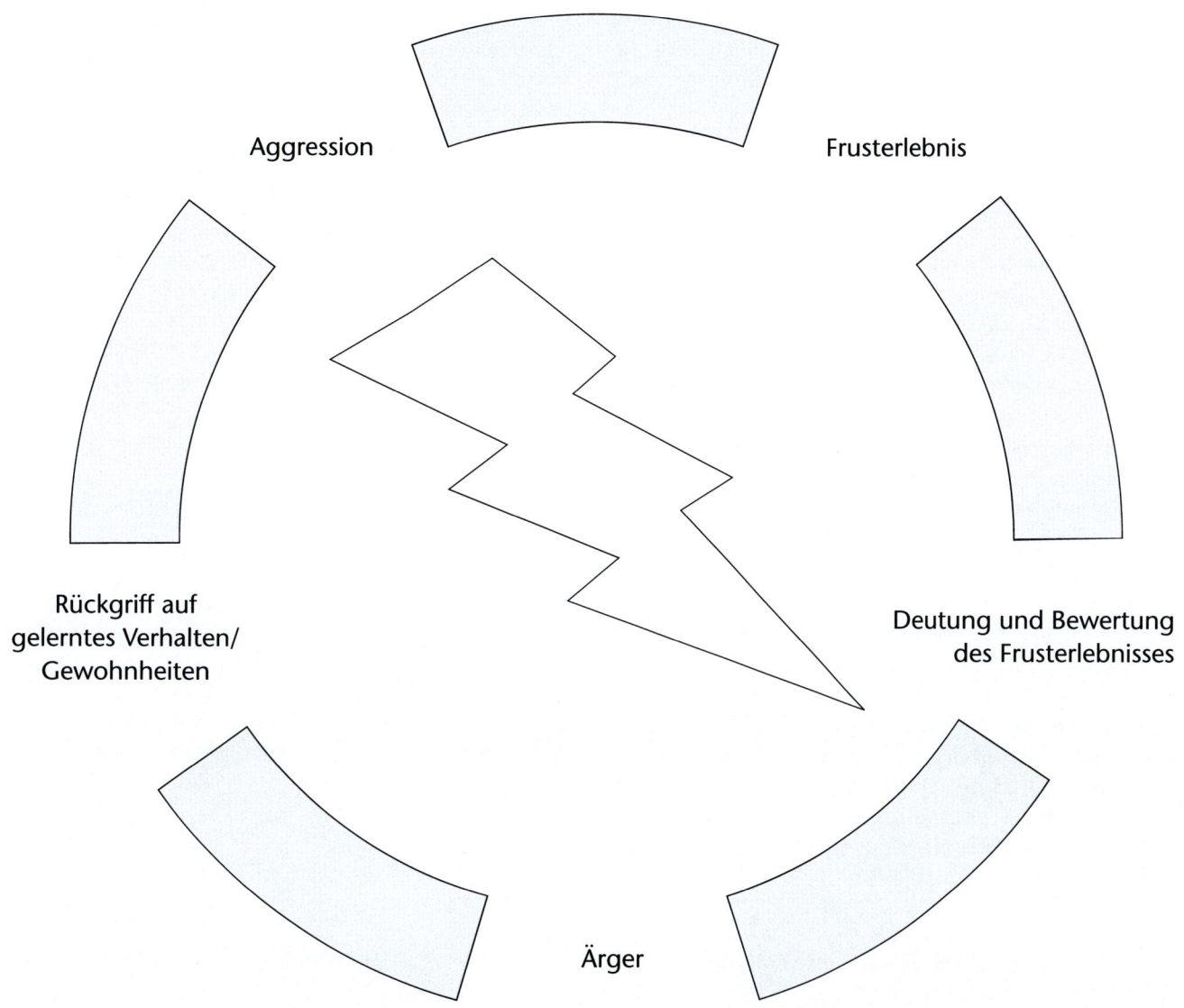

- Erklärt mithilfe der Grafik den Kreislauf von Frustration und Aggression an einem Beispiel.
- Welche Möglichkeiten seht ihr, diesem Kreislauf zu entkommen? Schreibt sie auf.

Schul-Amok (School Shooting)

Bis zum 26.04.2002 galt Littleton/USA als Synonym für den Schrecken des sogenannten school shootings, also für Amokläufe Jugendlicher an Schulen. Damals kostete es 15 Tote in der Columbine Highschool: 12 Mitschüler, ein Lehrer und die beiden Attentäter selber.
Fast auf den Tag genau drei Jahre später führten die Ereignisse in Erfurt zu einem neuen traurigen Rekord: Im Gebäude des Johannes-Gutenberg-Gymnasiums starben innerhalb kurzer Zeit 17 Menschen, unter ihnen der jugendliche Amokläufer.
Bis dahin glaubte man, es handle sich um spezifisches Problem der USA. Die Schuld gab man der Ideologie eines Individualismus, die den freien Wettbewerb der Stärke propagiert und wenig Verständnis für individuelle Leistungsschwächen und einen Mangel an Durchsetzungsfähigkeit aufbringt. Und der dortigen freizügigen Waffenkultur.
Inzwischen hält dieses Phänomen auch in Deutschland Einzug, unterscheidet sich aber in mehreren Punkten von den Formen des Amoklaufs, wie ihn die Experten hierzulande bislang kannten. Denn das verbrecherische Phänomen, bei dem Jugendliche an ihrer eigenen oder einer ihnen bekannten Schule Mitschüler, Lehrer und anderes Personal ermorden, ist bei uns erst seit vergleichsweise kurzer Zeit registrierbar – inzwischen aber weltweit gehäuft, so Diplom-Psychologe J. Hoffmann [...]: Zwischen 1995 und 1999 soll es mehr Massenmorde von Heranwachsenden gegeben haben als gesamthaft in den 40 Jahren zuvor.

Auch stellte sich heraus, dass diese Art von Amok in den seltensten Fällen als blindwütige Raserei angelegt war, das heißt sich schnell und impulsiv aus einer entsprechenden Situation heraus aufgebaut hat. Denn fast alle Täter hatten sich zuvor durchaus einige Zeit gedanklich mit dem bevorstehenden Gewaltakt beschäftigt. Bei mehr als der Hälfte ging eine mehrtägige Planung voraus. Auch die Tatsache, dass in den meisten Fällen die Opfer bewusst ausgewählt worden waren und oftmals sogar regelrechte Todeslisten existierten, zeigt, dass die Vorbereitungsphase eher die Regel als die Ausnahme war. [...]

> Das ist offenbar der psychologische Kern des Schul-Amoks: Die jugendlichen Täter fühlen sich ausgegrenzt und rächen sich an einer sie zurückweisenden Welt durch eine Art blutiges Finale, in dem sie dann auch selber untergehen.

[...]

> „Hass treibt mich an. Ich bin so voller Wut. Jeder ist gegen mich. In dem Moment, in dem meine letzte Hoffnung gestorben ist, werden auch andere Menschen sterben ..." (Protokoll eines jugendlichen Gewalttäters aus den USA).

Quelle: http://www.psychosoziale-gesundheit.net/psychiatrie/amok.html (2007)

- *Gib in deinen eigenen Worten wieder, was man unter einem Schul-Amok versteht.*
- *Halte fest, in welchem Zusammenhang Mobbing und Schul-Amok stehen können.*

Der Fragebogen

1. Die Form der Befragung

Du hast verschiedene Möglichkeiten, die Meinung der anderen zu erheben:
Du verteilst einen Fragebogen, lässt ihn ausfüllen und sammelst ihn wieder ein oder du verschickst Fragebögen per Post oder E-Mail mit der Bitte um Rücksendung.
Denke daran, dass dein Fragebogen nicht zu umfangreich ist und deine Fragen verständlich formuliert sind.

2. Die Auswahl der Fragetypen

Geschlossene Fragen:

Die Befragten können zwischen mehreren vorgegebenen Antworten wählen:
Ja-Nein-Frage: *Soll der Computerraum erweitert werden?*
☐ ja ☐ nein ☐ keine Meinung

Multiple-choice-Frage: *Wo sollen Internet-taugliche Computer eingerichtet werden?*
☐ im Computerraum ☐ in jedem Klassenraum
☐ in den Pausenräumen
☐ Sonstiges: _____

Offene Fragen:

Die Befragten drücken ihre Meinung in eigenen Sätzen oder Stichworten aus, d.h., jede Antwort ist zulässig: *Was soll im Computerraum deiner Meinung nach verändert werden? .....*
Häufig werden geschlossene und offene Fragen kombiniert. Starren Antwortmöglichkeiten von Entscheidungsfragen folgen Fragen, die Raum für freie Äußerungen lassen (vgl. Muster).
Grundsätzlich musst du deine Fragen so formulieren, dass sie ohne weitere Erklärung verständlich sind. Überprüfe dies am besten zu Beginn mit einer Testperson.

3. Die Zielgruppe

Welche Personen angesprochen werden sollen, hängt von der Thematik der Befragung ab. Wenn du nicht jeden befragen kannst, musst du eine Auswahl treffen. Achte dann darauf, dass deine Auswahl – z.B. bezüglich Geschlecht und Alter – ausgewogen ist. (Beispiel: Bitte fünf Mädchen und fünf Jungen aus Klasse 6, fünf Mädchen und fünf Jungen aus Klasse 7 usw., deinen Fragebogen zu beantworten.)

4. Das Erstellen des Fragebogens

Dein Fragebogen muss folgende Punkte beinhalten: ein Angabenfeld zu Geschlecht, Altersgruppe, Beruf ...; geschlossene und/oder offene Fragen; bei Multiple-Choice-Fragen ein Hinweis, dass mehrere Antworten möglich sind; die Information, wo der Bogen gesammelt wird; falls der Fragebogen verschickt wird, die Postanschrift oder E-Mail-Adresse angeben; Erklärung, dass die Befragung anonym ist.

5. Die Auswertung

Eine gute Auswertung gehört zu jeder durchgeführten Befragung. Sie bringt alle Informationen in eine anschauliche Form.

	++	+	0	–	– –
Frage:...	IIII	IIIIIII	III	II	III

(Beispiel)

Geschlossene Fragen können mithilfe eines Rasters einfach ausgewertet werden.
Offene Fragen müssen auf ihre Aussagen überprüft werden. Inhaltlich übereinstimmende Antworten dürfen umformuliert werden, sodass eine Übersicht möglich wird; besondere Antworten müssen auch gesondert aufgenommen werden.

6. Das Festlegen der Ergebnisse

Aufgrund der Auswertung können Ergebnisse und Annahmen formuliert werden. Für die Auswertung und Darstellung der Ergebnisse auf Plakaten eignen sich Schaubilder. Auch mithilfe von Programmen (z.B. Excel) können Tabellen und Tortendiagramme erstellt werden.
Das Schaubild wird mit einer Überschrift versehen. Ein kurzer Text erläutert die Fragestellung und den Zeitraum, in dem die Umfrage durchgeführt wurde.

7. Die Präsentation

Wem möchtest du die Ergebnisse vorstellen? Zunächst einmal deiner Klasse. Gemeinsam könnt ihr überlegen, wie ihr auf eure Ergebnisse aufmerksam machen könnt. Durch die Veröffentlichung der Ergebnisse – z. B. mit einem Artikel in der Schülerzeitung oder einer Ausstellung in der Schule – können andere informiert, beraten und motiviert werden, bei den nächsten Schritten mitzumachen.

8. Die Reflexion

Natürlich kann es dir passieren, dass eine Befragung nicht das erhoffte Ergebnis bringt. Denke noch einmal über dein Vorhaben nach. Überprüfe dein methodisches Vorgehen.

■ *Erstellt mithilfe des bisher Erarbeiteten einen Fragebogen zum Thema „Mobbing" und präsentiert das Ergebnis der Auswertung der ausgefüllten Exemplare vor der Klasse.*

Gewalt in den Medien

Die folgende Tabelle[1] zeigt den Einfluss von Gewalt darstellenden Medien auf die Psyche und das Verhalten von Kindern und Jugendlichen. Dabei gilt zu berücksichtigen, dass man bei Kindern und jungen Erwachsenen in der Regel nicht von gefestigten Persönlichkeiten sprechen kann.

	Persönlichkeitsmerkmale	Psychische Wirkung	Identifikation	Reaktion
Gefestigte Persönlichkeit	Selbstsicher, hält Gruppendruck stand, intelligent	Geringe Wirkung	Geringe Identifikation	Kaum Verhaltensänderung
Nicht ganz gefestigte Persönlichkeit	Etwas unsicher, ängstlich, durchschnittlich intelligent	Stärkere Wirkung bei Mädchen: Albträume, Ekel, teilweise aggressive Phantasien	Identifikation mit dem Opfer	Angst
Selbstunsichere, noch nicht gefestigte Persönlichkeit	Beziehungsstörungen, häufig Gewalterfahrungen (körperlich und psychisch)	Starke Wirkung: Gefühl von Stärke, Sicherheit, Erleichterung, unbewusste Gewaltphantasien, beginnender Realitätsverlust	Identifikation mit dem Täter oder Held	Abstumpfung, geringes Einfühlungsvermögen, Rechtfertigung von Gewalt, Rache, Selbstjustiz, Aggressivität
Labile Persönlichkeit	Einzelgänger, wenig intelligent	Sehr starke Wirkung: Abhängigkeit, Realitätsverlust, extreme Aggressionssteigerung	Identifikation mit dem Täter oder dem brutalen Helden	Isolation: Gefühl, in eigener Welt zu leben, kein Unrechtsempfinden, Aggressivität, Kriminalität

- *Erklärt, welchen Einfluss der regelmäßige Konsum von Sendungen und Filmen, die Gewalt zeigen, auf die Psyche von Kindern und Jugendlichen haben kann.*

- *Lege eine Liste mit solchen Fernsehsendungen und Filmen an und schreibe, wenn möglich, die Altersbeschränkung daneben. Mache ein Kreuz neben die Sendungen und Filme, die du gesehen hast, obwohl du nach Einschätzung der FSK (Freiwillige Selbstkontrolle der Filmwirtschaft) noch zu jung gewesen wärst.*

---

[1] Vgl. www.mediaculture-online.de (2007)

Ego-Shooter

Als Ego-Shooter (lat. *ego* „ich"; engl. *shooter* „Schütze"; dieses deutsche Wort ist ein Scheinanglizismus, es existiert also im Englischen nicht) oder First-Person-Shooter (FPS) bezeichnet man eine Kategorie der Computerspiele, bei der

1. die Darstellung einer frei begehbaren, dreidimensionalen Spielwelt durch die Augen eines menschlichen (oder humanoiden) Spielercharakters, also in Egoperspektive (Ich-Perspektive) erfolgt, und
2. der Spielverlauf schwerpunktmäßig geprägt ist durch den Kampf mit verschiedenen Schusswaffen gegen eine Vielzahl von unterschiedlichen Gegnern bzw. Monstern.

Grundsätzlich sind die beiden Spielmodi Einzelspieler und Mehrspieler zu unterscheiden. Während der Einzelspielermodus den Spieler innerhalb eines narrativen Rahmens durch eine festgelegte Folge von Schauplätzen führt und durch die Handlungen des Spielers (Kampf, Erkundung der Umgebung und Lösung von umgebungsbasierten Rätselaufgaben) eine Art interaktiver Geschichte entfaltet wird, handelt es sich bei den verschiedenen Varianten des Mehrspielermodus um ein virtuelles sportliches Spiel, bei dem sich mehrere Spieler über das Internet oder über ein Netzwerk zusammenfinden um sich in Gruppenkämpfen, Zweikämpfen oder Mannschaftsspielen miteinander zu messen.

Der ursprüngliche Spielmodus ist der Einzelspieler, seit Doom wurden für die meisten Ego-Shooter Mehrspielermodi entwickelt und schließlich kamen auch reine Mehrspieler-Egoshooter wie beispielsweise Quake III Arena oder Unreal Tournament heraus.

Über die Jahre hat sich das Genre der Ego-Shooter zunehmend ausdifferenziert, sodass Sub-Genres entstanden sind. Die sogenannten Taktik-Shooter wenden sich vom schnellen geschicklichkeitsbasierten Gameplay der klassischen Egoshooter ab und integrieren strategische Aspekte, bei denen die Kampfhandlungen sorgfältige Planung erfordern. Schleich-Shooter machen das heimliche und leise Vorgehen anstelle von offenem Kampf zum Spielprinzip. In die entgegengesetzte Richtung gehen sogenannte Arcade Shooter, die in betont phantastischen Umgebungen Massenkämpfe gegen Horden von Monstern inszenieren, bei denen Reaktionsschnelligkeit wieder an erster Stelle steht.

Obwohl man die Egoperspektive auch bei Flugsimulatoren und Spielen mit anderen Fahrzeugen findet, zählen sie nicht zum Genre der Ego-Shooter, da ihnen das für einen Ego-Shooter wesentliche Merkmal, die menschliche oder menschenähnliche Gestalt der Spielfigur, fehlt.

Kritik

Wiederholt werden Computerspiele und dabei insbesondere Ego-Shooter als Ursache für extreme Gewalttaten von Jugendlichen genannt. Grund dafür ist zum einen die explizite Gewaltdarstellung, zum anderen aber vor allem Gewalttaten wie das Schulmassaker von Littleton (20. April 1999) an der Columbine High School in Colorado, USA oder auch der Amoklauf am Gutenberg-Gymnasium in Erfurt (26. April 2002). In beiden Fällen besaßen die Attentäter Doom (Schulmassaker von Littleton) bzw. Counter-Strike (Amoklauf von Erfurt). Dies wurde in einer kontroversen Diskussion wiederholt von einigen Parteien als Ursache der Gewalttaten genannt.

Der Zusammenhang zwischen virtueller Gewalt in Computerspielen und realer Gewalt ist dabei wissenschaftlich umstritten. Das Spektrum der diskutierten Wirkung geht von keinerlei Auswirkung über Aggressionssteigerung/Verrohung bis zum Aggressionsabbau (Katharsiseffekt). In neueren zusammenfassenden Untersuchungen wie etwa die der Universität Bielefeld oder des kanadischen Psychologen Jonathan Freedman wird darauf hingewiesen, dass kein direkter, ursächlicher Zusammenhang zwischen medialer Gewaltdarstellung (z. B. in Ego-Shooter Spielen oder so genannten „Splatter-Filmen") und Gewalthandlung erkennbar sei. Allerdings besteht weitgehend Einigkeit dahin, dass Gewaltdarstellungen mit einem Wirkungsrisiko verbunden sind, d. h. bei bestimmten Gruppen oder Individuen können diese in Verbindung mit anderen Faktoren (z. B. soziales oder familiäres Umfeld; Prädisposition) zu erhöhter Gewaltbereitschaft oder aggressivem Verhalten führen. Wobei die Rolle der medialen Gewalt dabei vergleichsweise untergeordnet erscheint. Viele Spieler selbst sehen keine Aggressionsförderung durch solche Spiele.

Die Diskussion des Verbots solcher „Gewalt verherrlichender Spiele" – Bayerns Innenminister Günther Beckstein prägte den Begriff „Killerspiele" – dauert bis heute an. In dieser Diskussion hatte sich Beckstein 2002 für ein absolutes Verleih- und Produktionsverbot gewaltverherrlichender Filme und Computerspiele ausgesprochen. Die danach beschlossenen, aktuellen Bestimmungen zum Jugendmedienschutz traten am 1. April 2003 in Kraft.

Quelle: Wikipedia

- Erklärt mit eigenen Worten, was ein „Ego-Shooter" ist.
- Erläutert, welchen Einfluss das regelmäßige Spielen von Ego-Shootern auf die Psyche von Kindern und Jugendlichen haben kann.
- Lege eine Liste mit Ego-Shootern an und schreibe, wenn möglich, die Altersbeschränkung daneben. Mache ein Kreuz neben die Computerspiele, die du gespielt hast, obwohl du nach Einschätzung der BPjS noch zu jung gewesen wärst.

Beispiel: Counter-Strike

Spielinhalt

Inhalt des Spieles ist ein Gefecht zwischen zwei Gruppen, den Terroristen (T) und der Antiterroreinheit (CT), einer polizeilichen Sondereinheit. Jede Gruppe hat eine Aufgabe, deren Erfüllung von der anderen Gruppe verhindert werden muss. Die beiden Gruppen starten an zwei festgelegten Punkten auf der Spielkarte, den „Spawn"-Zonen, welche gleichzeitig auch die einzigen Bereiche sind, in denen eine Kaufoption besteht (meist nur für eine bestimmte Zeit, die „buytime" genannt wird). Jeder Spieler hat ein eigenes virtuelles Geldkonto und kann von diesem zu Anfang jeder Spielrunde Waffen und sonstige Ausrüstung (Handgranaten, kugelsichere Westen, etc.) kaufen.

Bei Counter-Strike kommt es auf eine gute Taktik im Team an. In vielen Teams werden von den Spielern daher Aufgaben und strategische Positionen, die zu besetzen sind, festgelegt. Man kann den Gegner an verschiedenen Stellen des Körpers treffen. Je nach Position der Treffer erleidet der Gegner einen geringeren oder stärkeren Schaden. Die schnellste Möglichkeit, einen Gegner auszuschalten, ist, den Gegner durch einen gezielten Kopfschuss *(Headshot)* zu töten. Dazu gibt es auch ein Symbol, das angezeigt wird, wenn ein Kopfschuss ausgeführt wurde, sowie auf manchen Servern eine extra „Headshot"-Soundeinspielung.

Für verschiedene Aktionen im Spiel erhält der einzelne Spieler Punkte sowie Geld nach Eliminierung der gegnerischen Spieler oder Erfüllung von Missionszielen. Die Missionsziele sind meist für Counter-Terroristen das Befreien von Geiseln oder für die Terroristen das Legen einer Bombe. Für Abschüsse eigener Teammitglieder (Friendly Fire bzw. „Teamkill", kurz TK) oder Geiseln wird Geld vom virtuellen Konto des jeweiligen Spielers – und bei einem TK auch ein Punkt – abgezogen. Auf öffentlichen Servern (Public-Servern) kann der Spieler für einen Teamkill auch anders „bestraft" werden: Dazu stehen dem durch Friendly Fire getöteten Spieler meist mehrere Möglichkeiten offen, sich zu rächen. So kann er den Mitspieler zum Beispiel umbringen, rot leuchten lassen, in eine Bombe verwandeln oder er kann ihm vergeben, wenn es offensichtlich ist, dass es ein Versehen war. Diese Möglichkeiten werden dem durch einen Team-Mitspieler Getöteten nur eröffnet, wenn spezielle zusätzliche Programme auf dem Server installiert sind. Falls dies nicht der Fall ist, kann der „Teamkiller" vom Server zu Beginn der nächsten Runde getötet werden und muss aussetzen. Weiterhin besteht auf Public-Servern die Möglichkeit, einen Mitspieler aus einem Team – mit dem Einverständnis von einem bestimmten Prozentsatz der übrigen Spieler, der vom Administrator des Servers frei gewählt werden kann („Votekick Ratio" genannt) – vom Server zu werfen. Zusätzlich ist es auf manchen Servern möglich, den betreffenden Spieler für eine bestimmte Zeit vom Server zu bannen („Voteban"). Dafür ist, um Missbrauch zu vermeiden, meist ein höherer Prozentsatz als beim Votekick nötig.

„Defusion-Szenario"

Das „Defusion-Szenario" ist das in Ligen übliche Szenario. Einer der Terroristen startet mit einer C4-Sprengladung, welche an einem der zwei speziell markierten Plätze angebracht werden kann. Ziel der Terroristen ist es, die Bombe zu platzieren und so lange zu verteidigen, bis der Zeitzünder abgelaufen ist. Die Counter-Terroristen müssen entweder das Legen der Bombe verhindern, indem sie die Terroristen ausschalten, oder die platzierte Bombe entschärfen. Hierbei reduziert ein eventuell zu Anfang der Runde erworbenes Entschärfungs-Set (Defuse-Kit) den erforderlichen Zeitaufwand erheblich.

Sieg für die Counter-Terroristen:

- Alle Terroristen sind tot (und die Bombe wurde noch nicht gelegt).
- Die Bombe wurde entschärft (falls diese von den Terroristen gelegt wurde).
- Das Legen der Bombe wurde in der angegebenen Zeit verhindert.

Sieg für die Terroristen:

- Alle Counter-Terroristen sind tot.
- Die Bombe ist detoniert.

Waffen

Das Waffenarsenal eines Spielers umfasst:

- ein Messer für den Nahkampf,
- die Hauptwaffe des Spielers (primäre Waffe),
- eine Pistole (sekundäre Waffe),
- bis zu vier Granaten (eine Handgranate, zwei Blendgranaten und eine Rachgranate),
- sonstige Ausrüstung (zusätzliche Munition, Kevlarweste, Helm, Nachtsichtgerät, Bomben-Entschärfungs-Kit).

In der Verkaufsversion wurden die Waffennamen aus Gründen des Markenrechts zum Teil verfremdet. Die Namen klingen zum Teil sehr ähnlich wie das Original. So wurde beispielsweise aus der „SIG 552" die „Krieg 552" und aus der „Steyr Scout" die „Schmidt Scout".

An Waffenarten und Modellen stehen im Spiel sechs verschiedene Pistolen, zwei Schrotflinten, fünf Maschinenpistolen, sechs Gewehre, vier Scharfschützengewehre, ein Maschinengewehr, Messer, Handgranaten, Blendgranaten und Rauchgranaten zur Verfügung.

Öffentliche Diskussion

Counter-Strike wird oft als „Killer-Spiel" bezeichnet, da man mit Waffen auf menschenähnliche Gestalten schießt. Mit steigendem Bekanntheitsgrad von Counter-Strike stand auch eine mögliche jugendgefährdende Wirkung des Spiels zur Diskussion. 2002 bearbeitete die damalige Bundesprüfstelle für jugendgefährdende Schriften (heute: Bundesprüfstelle für jugendgefährdende Medien) einen Indizierungsantrag zu Counter-Strike. Nach dem Amoklauf von Erfurt am 26. April 2002 erlebte die öffentliche Diskussion zu diesem Thema einen Höhepunkt. Zur Untersuchung lud die BPjS erstmals Vertreter der Spielergemeinschaft ein. Am 16. Mai 2005 gab die BPjS bekannt, sie stelle eine gewisse Jugendgefährdung fest, die jedoch nicht für eine Indizierung ausreiche. Zur Begründung wurde beispielsweise herangezogen, dass man das Spielziel auch ohne Töten der Gegner erreichen kann und in der Spielergemeinschaft vielfältige Kommunikationsmöglichkeiten – besonders auf LAN-Partys – genutzt werden. Gleichzeitig drängte die BPjS auf eine Erneuerung des Jugendschutzgesetzes, die Juni 2002 beschlossen und zum 1. April 2003 umgesetzt wurde. Die zum Teil entschärfte deutsche Version von Counter-Strike wurde von der USK ab 16 Jahren freigegeben. Die englische Originalversion hat keine Jugendfreigabe erhalten und ist somit erst ab 18 Jahren erhältlich.

Quelle: Wikipedia

■ *Beschreibt, welchen Wert ein menschliches Leben in dem Computerspiel „Counter-Strike" hat.*

Modelllernen nach Bandura

Albert Bandura, ein amerikanischer Psychologe, entwickelte auf der Grundlage von Experimenten das sogenannte Modelllernen, auch Lernen am Modell oder Nachahmungslernen genannt. Demnach lernen Menschen nicht nur aus ihren eigenen Erfahrungen, die sie gemacht haben, sondern auch durch Beobachtungen. Das trifft insbesondere auf die Verwendung von Sprache und auf das Verhalten anderer Menschen gegenüber zu.

Ehrung von Albert Bandura durch Barack Obama mit der National Medal of Science (2016).

Das Lernen am Modell besteht, vereinfacht gesagt, aus vier Phasen:

1. Aneignungsphase – Aufmerksamkeit:

Der Beobachter konzentriert sich auf das Modell und beobachtet es. Dabei handelt es sich um ein Modell, das in einer Beziehung zu dem Beobachter steht, z. B. der Vater und sein Kind.

2. Aneignungsphase – Behalten:

Da das beobachtete Modellverhalten nicht sofort nachgeahmt werden kann, denn es muss erst eine ähnliche Situation vorliegen, in der das Verhalten erprobt werden kann, wird das beobachtete Verhalten vom Beobachter gespeichert.

3. Ausführungsphase – Reproduktion:

Der Beobachter ahmt das Verhalten in der dazu passenden Situation nach, indem er sich an das beobachtete Verhalten des Modells erinnert.

4. Ausführungsphase – Verstärkung und Motivation:

Erfährt der Beobachter auf das nachgeahmte Verhalten eine positive Reaktion wie eine Bestätigung oder Belohnung, bestärkt es ihn in dem Vorhaben, das Verhalten beizubehalten; erlebt er eine negative Reaktion wie eine Bestrafung, zeigt er das Verhalten seltener oder stellt es ein.

Nach Bandura, Albert: Lernen am Modell Ansätze zu einer sozial-kognitiven Lerntheorie. Klett Verlag 1976, S. 115–129

- *Haltet die Theorie des Lernens am Modell in euren eigenen Worten fest.*
- *Erklärt den Zusammenhang zwischen dem regelmäßigen Konsum von Gewalt darstellenden Fernsehsendungen, Filmen und Ego-Shootern und der Theorie des Lernens am Modell.*

Schul-Amok (School Shooting)

Bis zum 26.04.2002 galt Littleton/USA als Synonym für den Schrecken des sogenannten school shootings, also für Amokläufe Jugendlicher an Schulen. Damals kostete es 15 Tote in der Columbine Highschool: 12 Mitschüler, ein Lehrer und die beiden Attentäter selber.

Fast auf den Tag genau drei Jahre später führten die Ereignisse in Erfurt zu einem neuen traurigen Rekord: Im Gebäude des Johannes-Gutenberg-Gymnasiums starben innerhalb kurzer Zeit 17 Menschen, unter ihnen der jugendliche Amokläufer.

Bis dahin glaubte man, es handle sich um spezifisches Problem der USA. Die Schuld gab man der Ideologie eines Individualismus, die den freien Wettbewerb der Stärke propagiert und wenig Verständnis für individuelle Leistungsschwächen und einen Mangel an Durchsetzungsfähigkeit aufbringt. Und der dortigen freizügigen Waffenkultur.

Inzwischen hält dieses Phänomen auch in Deutschland Einzug, unterscheidet sich aber in mehreren Punkten von den Formen des Amoklaufs, wie ihn die Experten hierzulande bislang kannten. Denn das verbrecherische Phänomen, bei dem Jugendliche an ihrer eigenen oder einer ihnen bekannten Schule Mitschüler, Lehrer und anderes Personal ermorden, ist bei uns erst seit vergleichsweise kurzer Zeit registrierbar – inzwischen aber weltweit gehäuft, so Diplom-Psychologe J. Hoffmann [...]: Zwischen 1995 und 1999 soll es mehr Massenmorde von Heranwachsenden gegeben haben als gesamthaft in den 40 Jahren zuvor.

Auch stellte sich heraus, dass diese Art von Amok in den seltensten Fällen als blindwütige Raserei angelegt war, das heißt sich schnell und impulsiv aus einer entsprechenden Situation heraus aufgebaut hat. Denn fast alle Täter hatten sich zuvor durchaus einige Zeit gedanklich mit dem bevorstehenden Gewaltakt beschäftigt. Bei mehr als der Hälfte ging eine mehrtägige Planung voraus. Auch die Tatsache, dass in den meisten Fällen die Opfer bewusst ausgewählt worden waren und oftmals sogar regelrechte Todeslisten existierten, zeigt, dass die Vorbereitungsphase eher die Regel als die Ausnahme war. [...]

> Das ist offenbar der psychologische Kern des Schul-Amoks: Die jugendlichen Täter fühlen sich ausgegrenzt und rächen sich an einer sie zurückweisenden Welt durch eine Art blutiges Finale, in dem sie dann auch selber untergehen.

[...]

> „Hass treibt mich an. Ich bin so voller Wut. Jeder ist gegen mich. In dem Moment, in dem meine letzte Hoffnung gestorben ist, werden auch andere Menschen sterben ..." (Protokoll eines jugendlichen Gewalttäters aus den USA).

Quelle: http://www.psychosoziale-gesundheit.net/psychiatrie/amok.html (2007)

- *Gib in deinen eigenen Worten wieder, was man unter einem Schul-Amok versteht.*
- *Halte fest, in welchem Zusammenhang virtuelle Gewalt und Schul-Amok stehen können.*

Der Fragebogen

1. Die Form der Befragung

Du hast verschiedene Möglichkeiten, die Meinung der anderen zu erheben:
Du verteilst einen Fragebogen, lässt ihn ausfüllen und sammelst ihn wieder ein oder du verschickst Fragebögen per Post oder E-Mail mit der Bitte um Rücksendung.
Denke daran, dass dein Fragebogen nicht zu umfangreich ist und deine Fragen verständlich formuliert sind.

2. Die Auswahl der Fragetypen

Geschlossene Fragen:

Die Befragten können zwischen mehreren vorgegebenen Antworten wählen:
Ja-Nein-Frage: *Soll der Computerraum erweitert werden?*
☐ ja ☐ nein ☐ keine Meinung

Multiple-choice-Frage: *Wo sollen Internet-taugliche Computer eingerichtet werden?*
☐ im Computerraum ☐ in jedem Klassenraum
☐ in den Pausenräumen
☐ Sonstiges: _____

Offene Fragen:

Die Befragten drücken ihre Meinung in eigenen Sätzen oder Stichworten aus, d. h. jede Antwort ist zulässig: *Was soll im Computerraum deiner Meinung nach verändert werden?* .....
Häufig werden geschlossene und offene Fragen kombiniert. Starren Antwortmöglichkeiten von Entscheidungsfragen folgen Fragen, die Raum für freie Äußerungen lassen (vgl. Muster).
Grundsätzlich musst du deine Fragen so formulieren, dass sie ohne weitere Erklärung verständlich sind. Überprüfe dies am besten zu Beginn mit einer Testperson.

3. Die Zielgruppe

Welche Personen angesprochen werden sollen, hängt von der Thematik der Befragung ab. Wenn du nicht jeden befragen kannst, musst du eine Auswahl treffen. Achte dann darauf, dass deine Auswahl – z. B. bezüglich Geschlecht und Alter – ausgewogen ist. (Beispiel: Bitte fünf Mädchen und fünf Jungs aus Klasse 6, fünf Mädchen und fünf Jungs aus Klasse 7 usw., deinen Fragebogen zu beantworten.)

4. Das Erstellen des Fragebogens

Dein Fragebogen muss folgende Punkte beinhalten: ein Angabenfeld zu Geschlecht, Altersgruppe, Beruf ...; geschlossene und/oder offene Fragen; bei Multiple-Choice-Fragen ein Hinweis, dass mehrere Antworten möglich sind; die Information, wo der Bogen gesammelt wird; falls der Fragebogen verschickt wird, die Postanschrift oder E-Mail-Adresse angeben; Erklärung, dass die Befragung anonym ist.

5. Die Auswertung

Eine gute Auswertung gehört zu jeder durchgeführten Befragung. Sie bringt alle Informationen in eine anschauliche Form.

	++	+	0	–	– –
Frage:...	IIII	IIIIIII	III	II	III

(Beispiel)

Geschlossene Fragen können mithilfe eines Rasters einfach ausgewertet werden.
Offene Fragen müssen auf ihre Aussagen überprüft werden. Inhaltlich übereinstimmende Antworten dürfen umformuliert werden, sodass eine Übersicht möglich wird; besondere Antworten müssen auch gesondert aufgenommen werden.

6. Das Festlegen der Ergebnisse

Aufgrund der Auswertung können Ergebnisse und Annahmen formuliert werden. Für die Auswertung und Darstellung der Ergebnisse auf Plakaten eignen sich Schaubilder. Auch mithilfe von Programmen (z. B. Excel) können Tabellen und Tortendiagramme erstellt werden.
Das Schaubild wird mit einer Überschrift versehen. Ein kurzer Text erläutert die Fragestellung und den Zeitraum, in dem die Umfrage durchgeführt wurde.

7. Die Präsentation

Wem möchtest du die Ergebnisse vorstellen? Zunächst einmal deiner Klasse. Gemeinsam könnt ihr überlegen, wie ihr auf eure Ergebnisse aufmerksam machen könnt. Durch die Veröffentlichung der Ergebnisse – z. B. mit einem Artikel in der Schülerzeitung oder einer Ausstellung in der Schule – können andere informiert, beraten und motiviert werden, bei den nächsten Schritten mitzumachen.

8. Die Reflexion

Natürlich kann es dir passieren, dass eine Befragung nicht das erhoffte Ergebnis bringt. Denke noch einmal über dein Vorhaben nach. Überprüfe dein methodisches Vorgehen.

■ *Erstellt mithilfe des bisher Erarbeiteten einen Fragebogen zum Thema „Virtuelle Gewalt" und präsentiert das Ergebnis der Auswertung der ausgefüllten Exemplare vor der Klasse.*

Baustein 4
Erörterung der Ursachen für einen Schul-Amok

In diesem Baustein sollen die Schülerinnen und Schüler mithilfe ihres erworbenen Wissens die Frage nach den Ursachen für einen Schul-Amok erörtern. Es steht außer Frage, dass man den Anspruch an die Leistungs- und Reflexionsfähigkeit der Lerngruppe anpassen muss. Schließlich sind sich selbst Expertinnen und Experten nicht einig, was einen Jugendlichen zu einer solchen Gewalttat veranlasst. Trotzdem sollen die Schülerinnen und Schüler eine begründete Haltung einnehmen können.

Im Folgenden werden drei Alternativen vorgestellt, die je nach Jahrgangsstufe, in der das Unterrichtsmodell eingesetzt wird, Anlass zu einer bewussten Auseinandersetzung geben.

4.1 Lineare Erörterung. Mobbing oder virtuelle Gewalt als Auslöser für einen Schul-Amok

Die lineare Erörterung wird in der Regel in der achten Jahrgangsstufe thematisiert, sodass die geforderte Auseinandersetzung in diesem Jahrgang darüber erfolgen kann. Zu Beginn dieses Bausteins sollten die Schülerinnen und Schüler bereits erörtern können und somit mit der Terminologie und dem Aufbau einer linearen Erörterung vertraut sein. Unter einer einseitig linearen Erörterung wird in diesem Unterrichtsmodell das sogenannte Trichtermodell, unter einer nicht einseitig linearen Erörterung das sogenannte Sanduhrmodell verstanden.

Zunächst werden Gruppen gebildet, ideal sind Viererkonstellationen. Es ist wichtig, dass sich darin nur Schülerinnen und Schüler zusammenfinden, die zuvor die gleiche Station bearbeitet haben. In organisatorischer Hinsicht ist es am besten, wenn auf der einen Seite der Klasse die Gruppen sitzen, die sich mit Mobbing befasst haben, und auf der anderen Seite der Klasse die Gruppen sitzen, die sich mit virtueller Gewalt beschäftigt haben. Die Lehrperson schreibt auf die entsprechende Tafelhälfte die jeweils zu erörternde Frage.

Lineare Erörterung

Gruppen „Mobbing"	Gruppen „Virtuelle Gewalt"
Ist Mobbing der Auslöser für einen Schul-Amok?	Ist virtuelle Gewalt der Auslöser für einen Schul-Amok?

Die Schülerinnen und Schüler erhalten die Aufgabe, innerhalb ihrer Gruppe in Partnerarbeiten Pro- bzw. Kontra-Argumente zu formulieren, und zwar vollständige, d. h. auch Beispiele und Belege. Nach Ablauf der vorgegebenen Arbeitszeit sollen sie innerhalb der Gruppe wechseln, sodass die Liste mit den bereits formulierten Pro- bzw. Kontra-Argumenten erweitert wird.

Baustein 4: Erörterung der Ursachen für einen Schul-Amok

■ *Sammelt zu zweit Pro- bzw. Kontra-Argumente.*

Nachdem jeder die Argumente in sein Heft geschrieben hat, wird ein abgewandeltes Gruppenpuzzle durchgeführt, d. h., die Schülerinnen und Schüler suchen sich, ohne die imaginäre Grenze in der Klasse zu überschreiten, jeweils eine Mitschülerin oder einen Mitschüler aus einer anderen Gruppe und ergänzen ihre Ergebnisse.

■ *Tausche dich mit jemandem aus einer anderen Gruppe über eure Ergebnisse aus und vervollständige dabei deine Liste mit Pro- und Kontra-Argumenten.*

Wenn die Schülerinnen und Schüler damit fertig sind, sollen sie an ihre Plätze zurückgehen und eine qualitative Gewichtung der Argumente vornehmen. Dafür können die Schulnoten, „1" für „sehr gut" usw., die neben die Argumente geschrieben werden, verwendet werden. Eine Auswahl möglicher bis dato schriftlich fixierter Argumente kann im nächsten Kapitel dieses Bausteins auf S. 80 ff. nachgelesen werden.

■ *Gib deinen Pro- und Kontra-Argumenten Noten: Das überzeugendste bekommt eine Eins usw. Wenn du mehr als sechs Argumente auf einer Seite hast, verwende entweder Plus und Minus oder nimm weitere Ziffern hinzu.*

Nun erhalten die Schülerinnen und Schüler den Arbeitsauftrag, eine lineare Erörterung zu schreiben. Wenn sie eine einseitige verfassen sollen, müssen sie sich dazu für eine der beiden Seiten entscheiden. Um ihnen einen zusätzlichen Anreiz für diesen Schreibauftrag zu geben, kann die Lehrperson anbieten, die Texte auf der Schulhomepage oder in der nächsten Ausgabe der Schülerzeitung zu veröffentlichen. Unter Umständen hat auch die ortsansässige Presse ein Interesse daran, Schülerbeiträge zu einem so aktuellen Thema zu präsentieren.

■ *Schreibe eine lineare Erörterung zu der Frage: Ist Mobbing/virtuelle Gewalt der Auslöser für einen Schul-Amok?*

Zuletzt könnte eine Talkshow die eingenommenen unterschiedlichen Haltungen einander gegenüberstellen und vertiefen lassen. Da das Abstraktionsvermögen eines durchschnittlichen Achtklässlers noch nicht so ausgereift ist, dass aus der Perspektive eines Elternteils oder Lehrers argumentiert werden kann, sollten die Schülerinnen und Schüler von sich selbst ausgehen dürfen. Dazu wird die Klasse in sechs ungefähr gleich starke Gruppen geteilt. Die erste Gruppe vertritt mithilfe des **Arbeitsblattes 26**, S. 90 die Ansicht, dass Mobbing der Auslöser für einen Schul-Amok ist. Die zweite Gruppe argumentiert mithilfe des **Arbeitsblattes 27**, S. 91 dagegen. Die dritte Gruppe ist der Meinung, dass virtuelle Gewalt zu Gewalttaten führt; sie bekommt das **Arbeitsblatt 28**, S. 92. Die vierte Gruppe hält mithilfe des **Arbeitsblattes 29**, S. 93 dagegen. Nach Ansicht der fünften Gruppe haben alle Recht; sie machen mithilfe des **Arbeitsblattes 30**, S. 94 die Verantwortung abhängig von dem individuellen Fall. Und die sechste Gruppe hat die Aufgabe, sich mithilfe des **Arbeitsblattes 31**, S. 95 um den organisatorischen Ablauf zu kümmern und den Talkshowleiter bereitzustellen. Die Lehrperson sollte darauf hinweisen, dass eine Talkshow immer dann besonders interessant ist, wenn die Positionen zunächst vehement vertreten und verteidigt werden, ohne dass die sachliche Ebene verlassen wird.

Die Auswertung der Gesprächsrunde bildet den Abschluss der Unterrichtsreihe. Daraufhin kann die Lehrperson ein kritisches Feedback der Schülerinnen und Schüler einholen.

4.2 Dialektische Erörterung: Gründe für Gewaltausbrüche bei Jugendlichen

Wird dieses Unterrichtsmodell in der neunten Jahrgangsstufe eingesetzt, können die Schülerinnen und Schüler eine begründete Haltung auf dem Weg einer dialektischen Erörterung entwickeln. Sie sollten bereits gelernt haben zu erörtern. Unter der dialektischen Struktur wird hier das sogenannte Zickzackmodell verstanden. Die Lehrperson schreibt die Frage „Warum kommt es zu Gewaltausbrüchen bei Jugendlichen?" auf eine Folie und projiziert sie an die Wand.

Dialektische Erörterung

Warum kommt es zu Gewaltausbrüchen bei Jugendlichen?

Die Schülerinnen und Schüler werden dazu aufgefordert, in Einzelarbeit drei Thesen zu formulieren, die Antwort auf diese Frage geben. Es kann hilfreich sein, darauf hinzuweisen, dass die Thesen nicht der persönlichen Auffassung des Einzelnen entsprechen müssen.

■ *Schreibe drei Thesen auf, die eine Antwort auf die Frage geben, warum es zu Gewaltausbrüchen bei Jugendlichen kommt.*

Im Anschluss daran legt jeder seine drei Thesen auf seinen Tisch, nimmt sich ein leeres Blatt Papier, schreibt die auf der Folie stehende Frage auf das Blatt, nimmt sich einen Stift, geht durch die Klasse und notiert sich neben die eigenen Thesen die der anderen. Dabei sollen nur solche festgehalten werden, die nicht schon fixiert wurden; selbstverständlich können Wortlaute auch verändert werden. Die Lehrperson sollte dazu auffordern, keine Selektion vorzunehmen. So wird vermieden, dass sich die Schülerinnen und Schüler vor weiteren, möglicherweise auch differenten Ansätzen verschließen. Sie selbst geht mit der Folie herum und schreibt die gesammelten Antworten auf. Ist die Liste mit den zur Verfügung stehenden Thesen vollständig, werden sie mithilfe der Folie noch einmal gesichert. Möglich sind folgende Nennungen:

Dialektische Erörterung

Warum kommt es zu Gewaltausbrüchen bei Jugendlichen?

- Gewalt erzeugt immer Gegengewalt.
- Die häufige Beschäftigung mit Gewaltspielen oder -filmen erhöht die Bereitschaft, selbst gewalttätig zu werden.
- Die leichte Verfügbarkeit von Waffen erhöht die Gefahr von bewaffneten Gewaltausbrüchen immens.
- In jedem Menschen steckt ein enormes Gewaltpotenzial, das nur durch konsequente Erziehung unter Kontrolle gehalten werden kann.
- Bindungslosigkeit und Kommunikationsunfähigkeit sind entscheidende Faktoren für Gewaltausbrüche.
- Der starke Leistungsdruck in der Schule trägt in nicht unerheblichem Maße zur Anstauung von Aggressionen bei.
- Jugendliche, die „anders" sind, werden in unserem gesellschaftlichen und schulischen System unterdrückt und neigen deshalb besonders zu Aggressionen.
- Das Gefühl Jugendlicher, bei Konsumartikeln und modischen Verhaltensweisen nicht mithalten zu können, ist aggressionsfördernd.
- Introvertierte Menschen neigen eher zu Gewaltausbrüchen als extrovertierte Menschen.

Sind die Ergebnisse nicht befriedigend, ist es durchaus legitim, den Schülerinnen und Schülern weitere Denkanstöße durch Ergänzungen auf der Folie zu geben. In jedem Fall sollen sie sich danach in Gruppen zusammensetzen und gemeinsam nach Belegen und Beispielen suchen, welche die Thesen stützen. Es sollte darauf geachtet werden, dass sich in jeder Gruppe sowohl Schülerinnen und Schüler befinden, die sich zuvor mit dem Thema „Mobbing" beschäftigt haben, als auch Schülerinnen und Schüler, die sich mit dem Thema „Virtuelle Gewalt" auseinandergesetzt haben. Die zu suchenden Beispiele und Belege erfordern nämlich entweder einen Zugriff auf das Material zum einen oder zum anderen Thema.

■ *Sucht gemeinsam nach Beispielen und Belegen, welche die Thesen stützen.*

Dass Gewalt immer Gegengewalt erzeugt, lässt sich mit wissenschaftlichen Untersuchungsergebnissen belegen, nach denen Verhaltensweisen imitiert werden. Schlägt der Vater den ältesten Sohn, schlägt dieser seinen jüngeren Bruder, da er gelernt hat, dass sich der körperlich Stärkere mit Gewalt durchsetzt.
Neurologen haben herausgefunden, dass das Gehirn keinen Unterschied macht zwischen Realität und Fiktion. Wenn sich ein Jugendlicher regelmäßig mit Gewaltspielen oder -filmen beschäftigt, speichert sein Gehirn die darin vorgekommenen Ereignisse als Erfahrungen. Eine solche kann beispielsweise sein, dass jemand, der verraten wurde und sich dafür mit einer Bluttat rächt, als Held gefeiert wird. Dazu muss man nur einmal an den Kultstatus von Filmen wie „Natural Born Killers" von Oliver Stone oder „Kill Bill" von Quentin Tarrantino denken. In so einem Fall erhöht die leichte Verfügbarkeit von Waffen die Gefahr von bewaffneten Gewaltausbrüchen immens. Robert Steinhäuser ist ein Beispiel dafür. Kinder und Jugendliche erhalten, wenn sie einem Schützenverein beitreten, eine Grundausbildung an der Waffe. Haben sie das erforderliche Alter erreicht, können sie sich einen Waffenberechtigungsschein ausstellen lassen und beispielsweise eine Glock, eine tödliche Handfeuerwaffe, die auch in Erfurt zum Einsatz kam, kaufen. Darüber hinaus haben auch Minderjährige die Möglichkeit,

an die Waffen von Erwachsenen zu kommen, wenn diese Schützen oder Jäger sind, deshalb ist der private Besitz von Waffen grundsätzlich bedenklich.

Wenngleich jeder Mensch ein Gewaltpotenzial in sich trägt, kann eine konsequente Erziehung einen Ausbruch verhindern. Denn dann wird dem Kind eine imitierte Verhaltensweise kritisch rückgemeldet. Wissenschaftliche Untersuchungen haben ergeben, dass ein beobachtetes Verhalten nur dann dauerhaft imitiert wird, wenn eine positive Konsequenz erwartet wird. Schlägt der ältere Bruder seinen jüngeren, ist es inkonsequent, den Jungen mit Schlägen zu bestrafen; ihm muss erklärt werden, warum er seinem Geschwister nicht wehtun darf. Konsequent heißt an der Stelle auch, dass sich gegenüber jedem anderen so verhalten wird, wie es von dem Kind oder Jugendlichen verlangt wird. Diese Argumentationskette lässt sich auf die Behauptung, dass Bindungslosigkeit und Kommunikationsunfähigkeit entscheidende Faktoren für Gewaltausbrüche sind, übertragen.

Als Beleg dafür, dass der starke Leistungsdruck in der Schule zur Anstauung von Aggressionen beiträgt, kann angeführt werden, dass die Schule in dem Fall nur ein Abbild der leistungsorientierten Gesellschaft ist, in der wir leben. In dieser Gesellschaft zählt der Mensch nicht als Individuum, sondern überwiegend in seiner Funktion. Diese Erfahrung kann bei einem Jugendlichen zu Frustrationen führen. Die zentralen Abschlussprüfungen machen dies sehr deutlich: Es geht nicht um die individuellen Fähigkeiten und Fertigkeiten der Schülerin bzw. des Schülers, sondern um die Standardisierung. Das Gefühl, dem ohnmächtig gegenüberzustehen, kann Frustrationen in Aggressionen umschlagen lassen. Daher lässt sich auch die Behauptung, dass Jugendliche, die „anders" sind, in unserem gesellschaftlichen und schulischen System unterdrückt werden und deshalb besonders zu Aggressionen neigen, nachvollziehen. Ähnliches gilt für die aus dem Gefühl erwachsene Aggression Jugendlicher, bei Konsumartikeln und modischen Verhaltensweisen nicht mithalten zu können. Denn wir leben in einer Gesellschaft, in der der Wert einer erbrachten Leistung materiell aufgewogen wird. Ist jemand sehr erfolgreich, verdient er viel Geld. Für ein Kind oder einen Jugendlichen bedeutet das, dass die Eltern ihm die Kleidung und technische Ausstattung, möglicherweise auch das Wohnhaus, die Hobbys und Urlaubsorte ermöglichen, die ihm den gewünschten gesellschaftlichen Status unter Gleichaltrigen sichern. Das einfache Beispiel von den „richtigen" Turnschuhen kann einem Außenstehenden die Bedeutung dieses Status deutlich machen.

Introvertierte Menschen zeichnen sich dadurch aus, dass sie in sich gekehrt sind. Handelt es sich dabei um Jugendliche, die sich niemandem anvertrauen, kann sie die Aufgabe, ihre Probleme alleine zu lösen, überfordern. Im Gegensatz zu extrovertierten Menschen fehlt ihnen ein Ventil, ihre Aggressionen abzubauen. Ein Gewaltausbruch kann dann eine Art eskaliertes Ventil sein. Auch diese Argumentationskette lässt sich zu der Behauptung, dass Bindungslosigkeit und Kommunikationsunfähigkeit entscheidende Faktoren für Gewaltausbrüche sind, anführen.

 Da die Erörterung der Fragestellung, warum es zu Gewaltausbrüchen bei Jugendlichen kommt, bis zu dieser Stelle einseitig ist, werden die Schülerinnen und Schüler nun dazu aufgefordert, die Thesen zu widerlegen. Dazu sollen sie sich erneut in ihren bereits gebildeten Arbeitsgruppen zusammenfinden.

■ *Sucht gemeinsam nach Belegen und Beispielen, welche die Thesen widerlegen.*

 Gewalt muss nicht zwangsläufig Gegengewalt erzeugen. Erlebt ein Jugendlicher Gewalt, hat er möglicherweise alternative Verhaltensweisen gelernt und kann sich in einer solchen Situation für eine gewaltfreie Alternative entscheiden. Wenn er im Gedränge der Diskothek beispielsweise mit jemandem zusammenstößt, der ihn daraufhin unsanft schubst, entscheidet er sich einfach weiterzugehen, weil er sich nicht prügeln will und weiß, dass es genau dazu kommen würde, wenn er zurückschubsen würde.

Kinder und Jugendliche, die sich häufig mit Gewaltspielen beschäftigen, neigen nicht automatisch dazu, selbst gewalttätig zu werden. Vielen Spielerinnen und Spielern, beispielsweise von Ego-Shootern, geht es in erster Linie um die für das erfolgreiche Spiel erforderliche Strategie und nicht um die Anwendung von Gewalt. Es gibt Foren, sogenannte „Communities", in denen die Jugendlichen nicht nur mit- und gegeneinander spielen, sondern sich auch über ihre Erfahrungen austauschen. Wählt man so eine Seite im Internet an, zum Beispiel www.counterstrike.de, liest man immer wieder, dass sich die Spielerinnen und Spieler von Gewalttaten und -tätern distanzieren. Schützen und Jäger reagieren vergleichbar: Sie weisen darauf hin, dass es sich um Sportarten handelt, die in keinem Zusammenhang mit den Schul-Amoks stehen. In diesen Fällen ist das Sportequipment zweckentfremdet und missbraucht worden. Ein Sportschütze gebraucht seine Waffe wie ein Dartspieler oder Bogenschütze zum zielgerichteten Treffen, nicht zum zielgerichteten Töten. Ein Jäger setzt sein Gewehr zur Wildpflege ein. Das ist Teil einer jeden Grundausbildung.

Ohne die Vorteile einer konsequenten Erziehung abstreiten zu wollen, muss das theoretisch in jedem Menschen vermutete Gewaltpotenzial nicht ausbrechen, wenn einem Jugendlichen eine solche verwehrt geblieben ist. Erziehung findet heutzutage in vielen gesellschaftlichen Bereichen statt, u. a. im Elternhaus, in der Schule, im Freundeskreis, am Arbeitsplatz, aber auch in einem selbst, sodass man erst einmal definieren müsste, was unter einer „konsequenten Erziehung" zu verstehen ist. Sicherlich ist es unvermeidlich, dass ein Jugendlicher widersprüchliche Erfahrungen macht und selbst entscheiden muss, welches Verhalten er für richtig und für falsch hält. Er muss allerdings dazu befähigt werden, diese Entscheidung treffen zu können.

Die Behauptung, dass Bindungslosigkeit und Kommunikationsunfähigkeit entscheidende Faktoren für Gewaltausbrüche sind, ist nicht von der Hand zu weisen. Gleichwohl darf man dabei nicht nur an den Jugendlichen denken, sondern muss diese Defizite als gesellschaftliches Phänomen verstehen. Wenn ein Kind oder ein Jugendlicher keine Beziehung zu seinen Eltern aufbauen kann und von ihnen nicht lernt zu kommunizieren, muss es für dieses Kind oder diesen Jugendlichen alternative Anlaufstellen geben. Man darf nicht von dem Kind oder Jugendlichen erwarten, dass es bzw. er die Initiative ergreift und danach sucht. Hilfe muss präsent sein. Daher muss ein gesellschaftspolitisches Bewusstsein für Kinder und Jugendliche, die auf sich alleine gestellt sind und unterstützt werden müssen, wachsen.

Der schulische Leistungsdruck und die Anstauung von Aggressionen stehen in keinem Zusammenhang, wenn den Jugendlichen gestattet wird, ihren Ängsten und Frustrationen Ausdruck zu verleihen. Das kann auf vielfältige Weise an unterschiedlichen Orten geschehen. Oft hilft ein vertrauensvolles Verhältnis zu Menschen aus dem persönlichen Umfeld, die zuhören, Mut machen und bestärken. Beispielsweise kann die Lehrerin bzw. der Lehrer der Schülerin oder dem Schüler eine schlechte Leistung in einem Einzelgespräch mitteilen. Dabei sollte ihr bzw. ihm geholfen werden, Ängste oder Frustrationen abzubauen, zum Beispiel indem man das Kind diese zunächst einmal verbalisieren lässt, es auf seine Stärken hinweist und Wege aufzeigt, wie sich so ein Ergebnis in Zukunft vermeiden lässt. So steht es dem Geschehen nicht hilflos gegenüber.

Dass Jugendliche, die „anders" sind, in unserem gesellschaftlichen und schulischen System unterdrückt werden und deshalb besonders zu Aggressionen neigen, trifft nur dann zu, wenn wir Jugendliche, die „anders" sind, andersartig behandeln. Denn so oft, wie wir auf die Gesellschaft schimpfen, vergessen wir, dass wir die Gesellschaft sind. Die Schule ist sogar eine, in der die Schülerinnen und Schüler den Großteil ihrer Kindheit und Jugend verbringen. Der kleinste Teil davon ist die Klasse. Macht ein Jugendlicher die Erfahrung, dass er andere Kleidung trägt, andere Hobbys hat oder sich in bestimmten Situationen anders verhält als der Rest, dennoch ein integrierter Teil der Klasse ist, überträgt er diese Erfahrung später auf andere gesellschaftliche Bereiche. Er gewinnt das Selbstvertrauen, aber auch das Vertrauen in die Gesellschaft, so sein zu dürfen, wie er ist. Dazu gehört, dass die (Klassen-)Lehrerinnen und Lehrer den Schülerinnen und Schülern vermitteln, dass Intoleranz nicht toleriert wird.

Baustein 4: Erörterung der Ursachen für einen Schul-Amok

Der Unterschied zwischen einem introvertierten und einem extrovertierten Menschen ist nicht, dass der eine eher zu Gewaltausbrüchen neigt als der andere, sondern der Zeitraum, in dem das Bedürfnis, sich mitzuteilen, entsteht. Ein introvertierter Mensch denkt in der Regel länger über etwas nach, bevor seine Umwelt etwas über seine Gedanken erfährt; das muss aber nicht heißen, dass er sich überhaupt nicht mitteilt. Besitzt er die geistige Reife, kann ein längerer Zeitraum des Nachdenkens und Reflektierens sogar zu genau dem Gegenteil eines Gewaltausbruchs führen, da er über den Moment der Wut und Rachelust hinaus erkennt, dass ein solcher nicht aus der unerwünschten Situation heraushilft.

Mit diesen oder ähnlichen Argumenten können die Schülerinnen und Schüler nun eine dialektische Erörterung zu der Frage „Warum kommt es zu Gewaltausbrüchen bei Jugendlichen?" schreiben. Um einen motivierenden Schreibanlass zu geben, kann die Lehrperson ankündigen, eine Auswahl der Texte auf der Schulhomepage oder in der nächsten Ausgabe der Schülerzeitung zu veröffentlichen. In solch einem Fall wäre es ratsam, die Schülerinnen und Schüler die Erörterungen am PC verfassen zu lassen.

- Schreibe eine dialektische Erörterung zu der Frage: Warum kommt es zu Gewaltausbrüchen bei Jugendlichen?

Nachdem sie die dialektische Erörterung fertiggestellt haben, in der sie sich kritisch mit der Frage nach den Ursachen für Schul-Amoks auseinandergesetzt haben, soll ein Überblick über die Meinung der Schülerinnen und Schüler geschaffen werden. Dazu sollen sie eine Gewichtung der einzelnen Verantwortungsbereiche vornehmen. Um zu vermeiden, dass unterschiedliche Wortlaute erst zusammengefasst werden müssen, um den gewünschten Überblick zu erhalten, gibt die Lehrperson eine Auswahl vor und zeichnet die folgende Tabelle an die Tafel:

Gewichtung der Verantwortungsbereiche für einen Schul-Amok

Elternhaus	Medien	Freundeskreis	Schule

Da sich Farben und Formen besser zur Visualisierung eignen als Buchstaben, empfiehlt es sich, den Schülerinnen und Schülern farbige Karten in drei Größen auszuteilen: eine große, zwei mittelgroße und eine kleine. Die Lehrperson kann auch Blätter farbigen Papiers austeilen und die Karten herstellen lassen. Sollte dies nicht möglich sein, wird auf die mit Kreide an die Tafel zu schreibenden Buchstaben „G", „M" und „K" zurückgegriffen. Die Schülerinnen und Schüler erhalten die Aufgabe, die Karten bzw. Buchstaben ihrem persönlichen Standpunkt entsprechend an die Tafel zu bringen.

- Ordne die Bezeichnungen „Groß", „Mittelgroß" und „Klein" deiner persönlichen Ansicht entsprechend den genannten Verantwortungsbereichen für einen Schul-Amok zu.

Dieses Meinungsbild kann die Grundlage für ein abschließendes Fazit und eine kritische Feedbackrunde sein.

4.3 Textgebundene Erörterung: Ursachen für einen Schul-Amok

Wenn dieses Unterrichtsmodell in der zehnten Jahrgangsstufe eingesetzt wird, bietet sich eine textgebundene Erörterung an, um sich mit der Frage nach den Ursachen für Schul-Amoks auseinanderzusetzen. Zur Erinnerung an den Aufbau einer textgebundenen Erörterung kann dieser noch einmal an der Tafel festgehalten werden. Die Schülerinnen und Schüler sollten aber bereits gelernt haben zu erörtern.

Der Aufbau einer textgebundenen Erörterung

I Analyse des Textes (beschreibend)

1 Einleitungssatz
2 Thema des Textes
3 Gegliederte Wiedergabe des Inhalts und Argumentationsverlaufs (mit Zeilenangabe)
4 Argumentationsweise
5 Absicht

II Stellungnahme (wertend)

1 zur Argumentationsweise (unfair, einseitig, ausgewogen usw.)
2 zu ausgewählten Thesen aus dem Text oder zum Thema insgesamt: Entwicklung eines eigenen Standpunktes

---

Erfahrungsgemäß fällt es den Schülerinnen und Schülern nicht leicht, einen langen Text mit Zeilenangaben zu gliedern und seinen Inhalt und Argumentationsverlauf wiederzugeben. Aus diesem Grund sollen sie dies zunächst tun. Dazu bietet sich das Nachwort von Prof. Dr. Klaus Hurrelmann von der Universität Bielefeld an, das in der deutschen Romanausgabe von „Ich knall euch ab!" auf den Seiten 146 ff. abgedruckt ist.

> ■ *Gib den Inhalt und Argumentationsverlauf des Textes von Prof. Dr. Klaus Hurrelmann, Seite 146–152, 1. Abschnitt in gegliederter Form wieder. Unterteile den Text dazu in Abschnitte. Vergiss die Zeilenangaben nicht.*

Hurrelmann nennt im Untertitel seines Nachwortes die Frage, die er im Folgenden zu beantworten versucht: Wie kommt es zu Gewalttaten an Schulen?
In seiner Einleitung (Z. 1–11) konstatiert er zunächst, dass der Roman „unter die Haut" (vgl. Z. 1 f.) gehe. Er verweist auf die Aktualität, indem er einen Bezug zu den Ereignissen am 26. April 2002 in Erfurt um den ehemaligen Schüler des Gutenberg-Gymnasiums Robert Steinhäuser herstellt. An die Frage, wie es „zu einer solch schrecklichen Gewalttat kommen" (Z. 6 f.) kann, schließt er seine Bewertung des Romans an: dass die Rekonstruktion und dramaturgische Bearbeitung des Romans „noch besser als jede wissenschaftliche Analyse nachvollziehen [lasse], wie es zu Gewaltausbrüchen von Schülern kommen [könne]" (Z. 7 ff.).
In dem folgenden Abschnitt (Z. 11–20) behauptet er, dass es zu Gewalttaten an Schulen komme, da die gesellschaftliche Zivilisierung des angeborenen Aggressionstriebs nicht gelungen sei und sich der gewalttätige Mensch in einer für ihn „unerträglichen Situation" (Z. 20) befinde. Er belegt seine These mit dem allgemein gehaltenen Hinweis auf wissenschaftliche Forschungsergebnisse.

Daraufhin (Z. 21–42) führt er Gewalttaten an Schulen auf ein ausgeprägtes Minderwertigkeitsgefühl des Täters zurück, das wiederum in der fehlenden Anerkennung des persönlichen Umfelds begründet sei. Gleichermaßen als Beleg und als Beispiel dient Robert Steinhäuser, der keine familiäre Geborgenheit fand und sich infolge von schulischen Misserfolgen in „eine künstliche, krankhafte Welt" (Z. 27 f.) flüchtete, abgeschirmt von der Außenwelt.

Im Folgenden (Z. 43–97) geht Hurrelmann näher auf das Thema „Gewalt an deutschen Schulen" ein, ohne vorerst weitere Erklärungen für diese anzubieten. Er gibt die von Lehrerinnen und Lehrern getroffenen Beobachtungen wieder, nach denen es zunehmend unruhige, aggressive und gewaltbereite Kinder gebe, insbesondere an Haupt- und Berufsschulen in sogenannten sozialen Brennpunktgebieten (Z. 43–55). Als Beleg führt er Ergebnisse aus wissenschaftlichen Studien an, die zeigten, dass die Zahl der physisch gewalttätigen Jungen zugenommen habe, sowie die Zahl psychischer und verbaler Gewaltattacken und rassistisch motivierter Übergriffe (Z. 56–90). Auf dieser Grundlage greift Hurrelmann die Fragestellung nach den Ursachen für Gewalttaten an Schulen wieder auf (Z. 91–97).

Dem folgt im nächsten Abschnitt (Z. 98–113) seine dritte These, dass Gewalttaten in erster Linie von Kindern und Jugendlichen verübt werden würden, die aus Familien kämen, aus denen immer häufiger psychisch gestörte, vernachlässigte oder misshandelte Kinder hervorgingen. Diese brächten ihre Probleme dann in die Schulen hinein. Er belegt diese Behauptung erneut mit einem allgemeinen Verweis auf wissenschaftliche Untersuchungsergebnisse.

Im Anschluss daran (Z. 114–122) hält Hurrelmann fest, dass Gewalttaten auch deshalb begangen würden, da selbst der Freizeitbereich aggressionsfördernd sei. So fühlten sich Jugendliche oft dazu gedrängt, „bei Konsumartikeln und modischen Verhaltensweisen" (Z. 116 f.) mithalten zu müssen. Auch hier genügt ihm der Hinweis auf „viele Studien" (Z. 118).

Daraufhin (Z. 123–131) rückt Hurrelmann das Problem „Gewalt unter Jugendlichen" in den Mittelpunkt, ohne auf die zugrunde liegende Frage zu antworten. Er stellt fest, dass es „[v]or allem in städtischen Ballungsgebieten und sozialen Brennpunkten […] zu erheblichen Entladungen von angestauter Aggression und Wut kommen [könne], wobei unterschiedliche soziale und ethnische Herkunft eine große Rolle spielt[en]" (Z. 127 ff.). Er führt dafür weder einen Beleg noch ein Beispiel an.

Im letzten Abschnitt (Z. 132–165) stellt er seine fünfte These auf: Es komme zu Gewalttaten an Schulen, wenn Gewaltvideos und -spiele regelmäßig konsumiert würden, da sie bereits vorhandene Aggressionen verstärkten. Dabei dienten die Darsteller als Vorbilder für das eigene Verhalten. Wieder greift Hurrelmann auf Robert Steinhäuser als Beleg und Beispiel zurück: Der ehemalige Gymnasiast habe aufgrund der ständigen Beschäftigung mit Gewaltspielen irgendwann keinen Unterschied mehr zwischen der fiktiven Computerwelt und der Wirklichkeit gemacht, sodass er als ausgewiesener Schütze seinen Plan schließlich in die Realität umsetzen konnte. Hurrelmann schließt diesen Abschnitt mit einem indirekten Appell, „menschenverachtende" (Z. 162) Spiele zu verbieten.

Die Schülerinnen und Schüler sollen sich im Anschluss an die Textarbeit zu der Argumentationsweise und Absicht Hurrelmanns äußern. Das kann entweder in Form eines Unterrichtsgesprächs oder einer schriftlich anzufertigenden Kurzrezension geschehen.

■ *Bewerte die Argumentationsweise von Prof. Dr. Hurrelmann und stelle Vermutungen über seine Absicht an.*

Dabei soll deutlich werden, dass Hurrelmann viele Themen anreißt, oft aber nicht in der gebotenen Ausführlichkeit und Differenziertheit ausführt. Das äußert sich u. a. darin, dass er seine Thesen gar nicht oder mit einem allgemein gehaltenen Hinweis auf wissenschaftliche Untersuchungsergebnisse belegt. Als (Beleg und) Beispiel dient ihm wiederholt Robert Steinhäuser, was einseitig wirkt. Der Grund dafür kann der Kontext sein, in dem seine Ausführungen stehen: als Nachwort eines Romans, in dem in der Vorbemerkung des Autors zur deutschen Ausgabe explizit auf Robert Steinhäuser verwiesen wird und der sich in erster Linie an Jugendliche richtet. Diesen soll wiederum kein wissenschaftlicher Fachaufsatz präsentiert, sondern Denkanstöße geboten werden.

Da eine zu intensive Beschäftigung mit einem langen Text oft dazu führt, dass die Motivation der Schülerinnen und Schüler abnimmt, empfiehlt sich an dieser Stelle die Einführung eines neuen Textes. Da die dabei anzufertigende Stellungnahme mit dem zu entwickelnden persönlichen Standpunkt ähnlich ausfallen dürfte wie zu dem Text von Prof. Dr. Hurrelmann, werden Wiederholungen vermieden, die ebenfalls einen demotivierenden Effekt haben können. Die Schülerinnen und Schüler sollen mithilfe des **Arbeitsblattes 32**, S. 96 eine textgebundene Erörterung schreiben. Die Lehrperson entscheidet, ob das in Form einer Schreibkonferenz oder in Einzelarbeit geschehen soll.

■ *Schreibe eine textgebundene Erörterung zu dem Zeit-Artikel „Erfurt und die Folgen" von Susanne Gaschke.*

In der Überschrift des Zeitungsartikels wird das Thema des Textes, der Amoklauf von Robert Steinhäuser, genannt. Der Untertitel beinhaltet die zwei zugrunde liegenden Thesen: Robert Steinhäuser sei als Teil unserer Gesellschaft zum Amokläufer geworden. Seine Tat sei ein Warnruf: Familiäres Versagen könne nie durch staatliche Institutionen kompensiert werden. Die Meinung der Autorin wird im Folgenden deutlich.

Der erste Abschnitt reicht von Zeile 7 bis 13. Gaschke stellt heraus, dass sie „Klartext" reden will und wiederholt die These aus dem Untertitel der Überschrift: Robert Steinhäuser sei als Teil unserer Gesellschaft zum Amokläufer geworden.

Im zweiten Abschnitt (Z. 14–25) nennt sie die These, dass angesichts der zunehmenden „seelische[n] Verwahrlosung" (Z. 16f.) vieler deutscher Jugendlicher häufigere Gewaltausbrüche erwartbar seien. Als Beleg dient ein allgemeiner Hinweis auf die Beobachtungen von Lehrern, Sozialpädagogen, Polizisten und Eltern. Daran schließt sie die Behauptung an, dass der Zerfall der Familien Schuld an dieser seelischen Verwahrlosung habe; Eltern nähmen sich keine Zeit, die Mediennutzung ihrer Kinder zu kontrollieren und dem durch die Medien vermittelten Materialismus und der Brutalität etwas entgegenzusetzen.

Der dritte Abschnitt (Z. 26–33) beinhaltet die These, dass das, was in Erfurt passiert ist, überall in Deutschland hätte geschehen können, weil die familiär-gesellschaftlichen Bedingungen ähnlich seien, und den Appell an jeden Einzelnen zu überlegen, welche Verantwortung er daran trage, dass es so viele aggressive und gewaltbereite Jugendliche gebe.

Daraufhin konstatiert Gaschke im vierten Abschnitt (Z. 34–52), dass Erwachsene nicht mehr die Verantwortung für ihre Kinder übernehmen wollten. Sie belegt diese Aussage mit der Popularität des von Hillary Clinton geprägten Ausspruchs „It takes a village to raise a child": Eltern gäben ihre Kinder lieber in die Obhut von staatlichen Betreuungsstätten. Darauf lässt sie die Behauptung folgen, dass Berufspädagogen nie die Eltern ersetzen könnten, die sich wirklich für die Gefühle und Gedanken ihrer Kinder interessierten.

Im fünften Abschnitt (Z. 53–76) stellt die Autorin fest, dass schulische Nachmittagsbetreuung und „technische[ ] Lösungen" (Z. 56) wie die stärkere Sicherung von Schulhöfen Gewalttaten wie die in Erfurt nicht verhinderten. Belegt wird dies mit der Unmöglichkeit, alle Bereiche menschlichen Lebens abzusichern. Vielmehr seien solche Maßnahmen ein Zeichen dafür, dass die Erwachsenen der persönlichen Verantwortung für die Kinder auswichen, weil diese Verantwortung Zeit erfordere und das Durchhaltevermögen bei der ständigen Auseinandersetzung mit den Kindern anstrengend sei.

In dem sechsten Abschnitt (Z. 77–93) nimmt Gaschke eine Gegenthese vorweg, dass viele Eltern ihre Kinder alleine lassen müssten, weil sie arbeiten würden. Dieser entgegnet sie, dass es sich dabei oft nur um eine vorgeschobene Entschuldigung handle, da sich arbeitende

Eltern, wenn sie zu Hause seien, oft kaum mit ihren Kindern beschäftigten, sondern froh seien, wenn diese ruhig vorm Computer oder Fernseher säßen, unabhängig davon, was über den Bildschirm laufe.

Im nächsten Abschnitt (Z. 94–120) greift die Verfasserin einer weiteren Gegenthese vor und entkräftet diese in einem erkennbar ironischen Ton: Lange habe eine apologetische Wirkungsforschung die Eltern in ihrer Trägheit gehätschelt: Ein direkter Zusammenhang zwischen virtueller und realer Gewalt könne nicht nachgewiesen werden (Z. 96f.). Dem setzt sie entgegen, dass Eltern und die Gesellschaft im Allgemeinen die Diskussion über die Auswirkungen gewalttätiger Spiele und Videos auf die „moralische Verfassung" (Z. 104f.) von Jugendlichen mieden. Eltern täten so, als hätten sie keinen Einfluss auf die Freizeitgestaltung ihrer Kinder, weil es als „spießig" gelte, sich einzumischen. Die Spitze dieses „Bequemlichkeitsliberalismus" sei, dass Eltern ihren Kindern die Verantwortung überließen zu entscheiden, was gut und richtig für sie sei.

Der achte Abschnitt (Z. 121–135) beginnt mit der Feststellung, dass Kinder und Jugendliche nicht wüssten, was das Beste für sie sei. Gaschke formuliert daraufhin zwei Appelle: sich nicht von der Coolness der Jugendlichen täuschen zu lassen, die sich nach Einmischung und Zuwendung sehnten, und die Kinder zum Reden, Gefühlezeigen und Regeleinhalten anzuhalten, ohne die Verantwortung abzuschieben.

Abschließend verleiht sie dem Gesagten Nachdruck, indem sie einen weiteren Appell an die Erwachsenen richtet: Das selbstlose Verhalten eines Lehrers des Gutenberg-Gymnasiums sollte Erwachsene dazu ermutigen, sich mit ihren Kindern und dem, was sie tun, auseinanderzusetzen, und zwar bevor es zu einer Gewalttat wie in Erfurt kommt

Susanne Gaschke argumentiert in ihrem Artikel deutlich erkennbar für ihre Auffassung, dass die Familien (resp. die Eltern) wieder die Verantwortung für ihre Kinder übernehmen müssen. Dabei weist sie auf aktuelle Missstände und die Notwendigkeit, diese zu beheben, hin. Sie möchte aufrütteln, das zeigt sich nicht nur in ihrem direkten, teilweise provozierenden Ton („[…] Eltern in ihrer Trägheit gehätschelt: […]."; Z. 95f.), sondern auch in den vier Appellen. Darin wird deutlich, dass sie einen konstruktiven Ansatz vertritt: Sie fordert von den Eltern, sich ihrer Verantwortung zu stellen. Sie weist darauf hin, dass sich etwas ändern muss, aber auch etwas ändern kann, ohne in ohnmächtiger Ratlosigkeit auf die Komplexität des Problems und die Verantwortung „der Gesellschaft" zu verweisen. Die Argumente, die sie dabei anführt, sind allerdings in den meisten Fällen nicht mehr als unbewiesene Thesen. Gaschke nennt keine wissenschaftlichen und nur wenige allgemeingültige Belege. Sofern sie nicht ganz darauf verzichtet, entziehen sich diese in aller Regel der Überprüfbarkeit. Auch die Berücksichtigung zweier Gegenthesen lässt ihre Ausführungen nicht differenziert werden, da sie auf zwei Behauptungen lediglich zwei Gegenbehauptungen folgen lässt. In der erklärten Absicht, „Klartext" zu reden, erweckt sie an manchen Stellen den Eindruck der Kompromisslosigkeit. Wenn Gaschke schreibt, dass Eltern ihren langen Arbeitstag und die daraus resultierende Erschöpfung nur vorschieben würden, weil sie sich nicht mit ihren Kindern beschäftigen wollten, und froh seien, wenn die Zöglinge, statt präsent zu sein, Menschen niedermetzeln würden (Z. 87ff.), läuft sie Gefahr, dass sie denjenigen gegenüber an Glaubwürdigkeit einbüßt, die sie mit ihrem Artikel erreichen will.

Im Anschluss an die Ausformulierung einer textgebundenen Erörterung, in der die Schülerinnen und Schüler einen begründeten eigenen Standpunkt eingenommen haben, ist es sinnvoll, sie eine Gewichtung der einzelnen Verantwortungsbereiche für einen Schul-Amok vornehmen zu lassen. So erhalten die Lehrperson und die Klasse einen Überblick, der eine Bilanz der Unterrichtsreihe ziehen lässt. Dazu überträgt die Lehrperson die folgende Skizze auf die Tafel:

Baustein 4: Erörterung der Ursachen für einen Schul-Amok

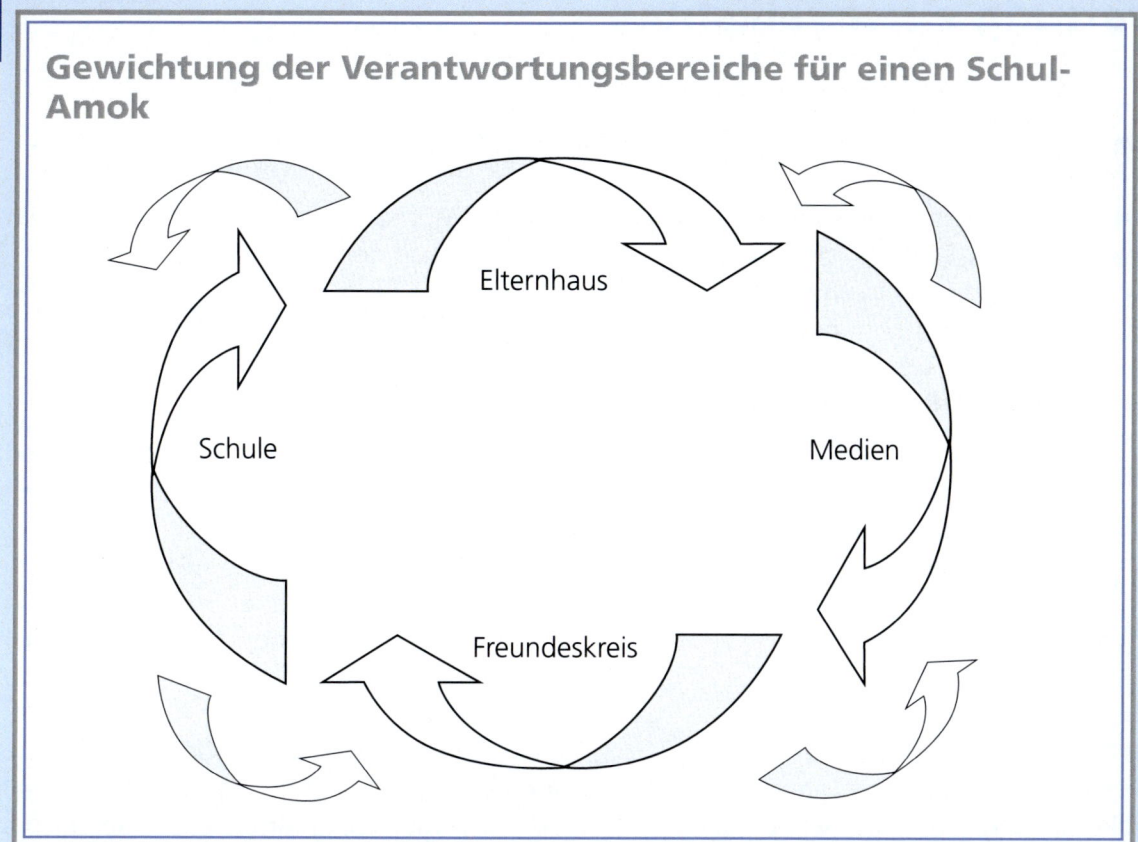

Die Schülerinnen und Schüler erhalten von der Lehrperson einen Klebepunkt. Sie sollen diesen so positionieren, dass durch die Nähe und den Abstand zu den zur Verfügung stehenden Verantwortungsbereichen ihre persönliche Gewichtung deutlich wird.

■ *Klebe deinen Punkt so auf, dass durch die Nähe und den Abstand deine Gewichtung der Verantwortungsbereiche für einen Schul-Amok ausgedrückt wird.*

Zum Ende kann eine kritische Feedbackrunde den Abschluss der Unterrichtsreihe bilden. Unabhängig davon, ob das Unterrichtsmodell in der achten, neunten oder zehnten Jahrgangsstufe eingesetzt wird, kann auch der Arbeitsauftrag, ein Buchcover zu gestalten, die Unterrichtsarbeit zu dem Roman „Ich knall euch ab!" abschließen. Diese könnten in Kooperation mit dem Unterrichtsfach Kunst erstellt und gemeinsam mit den Ergebnissen der Umfragen und Erörterungen in der Schule ausgestellt werden.

■ *Gestalte ein Buchcover für den Roman „Ich knall euch ab!" von Morton Rhue.*

Notizen

_____
_____
_____
_____
_____

Vorbereitung einer Talkshow

Die Situation

Im Zusammenhang mit dem zuletzt in den Medien diskutierten Fall eines Schülers, der an seiner Schule Amok lief, wurde die Forderung laut, Schülerinnen und Schüler zu Wort kommen und über die Ursachen einer solchen Gewalttat diskutieren zu lassen. Das Thema der Talkshow, zu der ihr eine Vertreterin oder einen Vertreter aus eurer Gruppe schicken sollt, lautet:

> Was ist der Grund für einen Amoklauf eines Jugendlichen?

Die Position

Ihr nehmt die Haltung ein, dass Mobbing der Grund für einen Amoklauf eines Jugendlichen ist.

Der Ablauf

Um in der Gesprächsrunde überzeugend zu sein, solltet ihr euch an den folgenden Ablauf halten:

1. Ihr tragt noch einmal die Argumente zusammen, die eure Position stützen. Achtet darauf, dass ihr am Anfang der Diskussion nicht gleich alle guten Argumente „verpulvert", sondern ein paar für später aufbewahrt. Schreibt die Argumente in der Reihenfolge auf, in der ihr sie anbringen wollt.
2. Notiert euch in einer anderen Farbe mögliche Einwände, die dazu geäußert werden könnten, am besten stichpunktartig, und überlegt euch etwas möglichst Überzeugendes, das ihr darauf entgegnen könnt.
3. Denkt daran, dass ihr auf Gesprächspartnerinnen und -partner stoßt, die virtuelle Gewalt als Ursache für die Gewalttat eines Jugendlichen sehen. Haltet Argumente fest, die belegen, dass der Einfluss von Mobbing auf einen Jugendlichen größer ist als der von virtueller Gewalt.
4. Formuliert ein Statement, das eure Position zu Beginn der Talkshow deutlich werden lässt. Ihr dürft dabei ruhig ein bisschen provozieren.
5. Einigt euch auf jemanden, der stellvertretend für die Gruppe an der Talkshow teilnimmt.

Vorbereitung einer Talkshow

Die Situation

Im Zusammenhang mit dem zuletzt in den Medien diskutierten Fall eines Schülers, der an seiner Schule Amok lief, wurde die Forderung laut, Schülerinnen und Schüler zu Wort kommen und über die Ursachen einer solchen Gewalttat diskutieren zu lassen. Das Thema der Talkshow, zu der ihr eine Vertreterin oder einen Vertreter aus eurer Gruppe schicken sollt, lautet:

> Was ist der Grund für einen Amoklauf eines Jugendlichen?

Die Position

Ihr nehmt die Haltung ein, dass Mobbing nicht der Grund für einen Amoklauf eines Jugendlichen ist.

Der Ablauf

Um in der Gesprächsrunde überzeugend zu sein, solltet ihr euch an den folgenden Ablauf halten:

1. Ihr tragt noch einmal die Argumente zusammen, die eure Position stützen. Achtet darauf, dass ihr am Anfang der Diskussion nicht gleich alle guten Argumente „verpulvert", sondern ein paar für später aufbewahrt. Schreibt die Argumente in der Reihenfolge auf, in der ihr sie anbringen wollt.
2. Notiert euch in einer anderen Farbe mögliche Einwände, die dazu geäußert werden könnten, am besten stichpunktartig, und überlegt euch etwas möglichst Überzeugendes, das ihr darauf entgegnen könnt.
3. Denkt daran, dass ihr auf Gesprächspartnerinnen und -partner stoßt, die virtuelle Gewalt als Ursache für die Gewalttat eines Jugendlichen sehen. Haltet Argumente fest, die belegen, dass der Einfluss von virtueller Gewalt auf einen Jugendlichen größer ist als der von Mobbing.
4. Formuliert ein Statement, das eure Position zu Beginn der Talkshow deutlich werden lässt. Ihr dürft dabei ruhig ein bisschen provozieren.
5. Einigt euch auf jemanden, der stellvertretend für die Gruppe an der Talkshow teilnimmt.

Vorbereitung einer Talkshow

Die Situation

Im Zusammenhang mit dem zuletzt in den Medien diskutierten Fall eines Schülers, der an seiner Schule Amok lief, wurde die Forderung laut, Schülerinnen und Schüler zu Wort kommen und über die Ursachen einer solchen Gewalttat diskutieren zu lassen. Das Thema der Talkshow, zu der ihr eine Vertreterin oder einen Vertreter aus eurer Gruppe schicken sollt, lautet:

> Was ist der Grund für einen Amoklauf eines Jugendlichen?

Die Position

Ihr nehmt die Haltung ein, dass virtuelle Gewalt der Grund für einen Amoklauf eines Jugendlichen ist.

Der Ablauf

Um in der Gesprächsrunde überzeugend zu sein, solltet ihr euch an den folgenden Ablauf halten:

1. Ihr tragt noch einmal die Argumente zusammen, die eure Position stützen. Achtet darauf, dass ihr am Anfang der Diskussion nicht gleich alle guten Argumente „verpulvert", sondern ein paar für später aufbewahrt. Schreibt die Argumente in der Reihenfolge auf, in der ihr sie anbringen wollt.
2. Notiert euch in einer anderen Farbe mögliche Einwände, die dazu geäußert werden könnten, am besten stichpunktartig, und überlegt euch etwas möglichst Überzeugendes, das ihr darauf entgegnen könnt.
3. Denkt daran, dass ihr auf Gesprächspartnerinnen und -partner stoßt, die Mobbing als Ursache für die Gewalttat eines Jugendlichen sehen. Haltet Argumente fest, die belegen, dass der Einfluss von virtueller Gewalt auf einen Jugendlichen größer ist als der von Mobbing.
4. Formuliert ein Statement, das eure Position zu Beginn der Talkshow deutlich werden lässt. Ihr dürft dabei ruhig ein bisschen provozieren.
5. Einigt euch auf jemanden, der stellvertretend für die Gruppe an der Talkshow teilnimmt.

Vorbereitung einer Talkshow

Die Situation

Im Zusammenhang mit dem zuletzt in den Medien diskutierten Fall eines Schülers, der an seiner Schule Amok lief, wurde die Forderung laut, Schülerinnen und Schüler zu Wort kommen und über die Ursachen einer solchen Gewalttat diskutieren zu lassen. Das Thema der Talkshow, zu der ihr eine Vertreterin oder einen Vertreter aus eurer Gruppe schicken sollt, lautet:

> Was ist der Grund für einen Amoklauf eines Jugendlichen?

Die Position

Ihr nehmt die Haltung ein, dass virtuelle Gewalt nicht der Grund für einen Amoklauf eines Jugendlichen ist.

Der Ablauf

Um in der Gesprächsrunde überzeugend zu sein, solltet ihr euch an den folgenden Ablauf halten:

1. Ihr tragt noch einmal die Argumente zusammen, die eure Position stützen. Achtet darauf, dass ihr am Anfang der Diskussion nicht gleich alle guten Argumente „verpulvert", sondern ein paar für später aufbewahrt. Schreibt die Argumente in der Reihenfolge auf, in der ihr sie anbringen wollt.
2. Notiert euch in einer anderen Farbe mögliche Einwände, die dazu geäußert werden könnten, am besten stichpunktartig, und überlegt euch etwas möglichst Überzeugendes, das ihr darauf entgegnen könnt.
3. Denkt daran, dass ihr auf Gesprächspartnerinnen und -partner stoßt, die Mobbing als Ursache für die Gewalttat eines Jugendlichen sehen. Haltet Argumente fest, die belegen, dass der Einfluss von Mobbing auf einen Jugendlichen größer ist als der von virtueller Gewalt.
4. Formuliert ein Statement, das eure Position zu Beginn der Talkshow deutlich werden lässt. Ihr dürft dabei ruhig ein bisschen provozieren.
5. Einigt euch auf jemanden, der stellvertretend für die Gruppe an der Talkshow teilnimmt.

Vorbereitung einer Talkshow

Die Situation

Im Zusammenhang mit dem zuletzt in den Medien diskutierten Fall eines Schülers, der an seiner Schule Amok lief, wurde die Forderung laut, Schülerinnen und Schüler zu Wort kommen und über die Ursachen einer solchen Gewalttat diskutieren zu lassen. Das Thema der Talkshow, zu der ihr eine Vertreterin oder einen Vertreter aus eurer Gruppe schicken sollt, lautet:

> Was ist der Grund für einen Amoklauf eines Jugendlichen?

Die Position

Ihr nehmt die Haltung ein, dass sowohl Mobbing als auch virtuelle Gewalt der Grund für einen Amoklauf eines Jugendlichen sind.

Der Ablauf

Um in der Gesprächsrunde überzeugend zu sein, solltet ihr euch an den folgenden Ablauf halten:

1. Ihr tragt noch einmal die Argumente zusammen, die eure Position stützen. Achtet darauf, dass ihr am Anfang der Diskussion nicht gleich alle guten Argumente „verpulvert", sondern ein paar für später aufbewahrt. Schreibt die Argumente in der Reihenfolge auf, in der ihr sie anbringen wollt.
2. Notiert euch in einer anderen Farbe mögliche Einwände, die dazu geäußert werden könnten, am besten stichpunktartig, und überlegt euch etwas möglichst Überzeugendes, das ihr darauf entgegnen könnt.
3. Denkt daran, dass ihr auf Gesprächspartnerinnen und -partner stoßt, die das eine oder das andere als Ursache für die Gewalttat eines Jugendlichen sehen. Haltet Argumente fest, die belegen, dass der Einfluss von Mobbing auf einen Jugendlichen genauso groß sein kann wie der von virtueller Gewalt.
4. Formuliert ein Statement, das eure Position zu Beginn der Talkshow deutlich werden lässt. Ihr dürft dabei ruhig ein bisschen provozieren.
5. Einigt euch auf jemanden, der stellvertretend für die Gruppe an der Talkshow teilnimmt.

Vorbereitung einer Talkshow

Die Situation

Im Zusammenhang mit dem zuletzt in den Medien diskutierten Fall eines Schülers, der an seiner Schule Amok lief, wurde die Forderung laut, Schülerinnen und Schüler zu Wort kommen und über die Ursachen einer solchen Gewalttat diskutieren zu lassen. Das Thema der Talkshow, zu der ihr eine Vertreterin oder einen Vertreter aus eurer Gruppe schicken sollt, lautet:

> Was ist der Grund für einen Amoklauf eines Jugendlichen?

Die Position

Ihr seid für den reibungslosen organisatorischen Ablauf verantwortlich und stellt den Talkshowleiter.

Der Ablauf

Um das Gespräch leiten zu können, solltet ihr euch an den folgenden Ablauf halten:

1. Überlegt zunächst, wie ihr die Talkshow eröffnen wollt. Da diese landesweit ausgestrahlt wird, gehören dazu eine Begrüßung der Zuschauer vor dem Bildschirm, des Publikums im Studio und natürlich der einzelnen Gäste, die namentlich vorgestellt werden.
2. Wenn das Thema der Talkshow genannt wurde, werden die Gäste der Reihe nach aufgefordert, ein Statement abzugeben, das ihre Position deutlich werden lässt. Hier ist darauf zu achten, dass dies nicht zu lang ausfällt, sondern möglichst aus nur einem Satz besteht.
3. Um die Gesprächsrunde einzuleiten, sollten Fragen formuliert worden sein. Dazu tragt ihr vorbereitend die wichtigsten Argumente zusammen, die von den geladenen Gästen vorgetragen werden könnten. Auf dieser Grundlage haltet ihr die Fragen, die ihr ihnen stellen wollt, in der geplanten Reihenfolge fest. Achtet darauf, dass jede/r zu Wort kommt.
4. Während der Diskussion muss der Talkshowleiter als Vermittler auftreten, d. h. Kandidaten, die zu lange reden, unterbrechen oder zurechtweisen, wenn sie nicht mehr sachlich argumentieren, sondern beispielsweise jemanden angreifen. Selbstverständlich hat ein Talkshowleiter auch eine eigene Meinung. Er darf sie aber nicht äußern, sondern muss neutral bleiben. Ansonsten könnten sich die Gäste bevor- bzw. benachteiligt fühlen.
5. Bevor die Sendung mit einem Dank für das Interesse und die Beiträge der Kandidaten beendet wird, fordert der Talkshowleiter die Gäste dazu auf, ein abschließendes Fazit zu formulieren.
6. Einigt euch auf jemanden, der die Talkshow leitet.

Erfurt und die Folgen

Er kam nicht vom anderen Stern; Robert S. und der Mord als Menetekel[1]: Wo die Familie versagt, helfen weder die besten Schulen noch die strengsten Gesetze

von Susanne Gaschke

Die Toten von Erfurt haben ein Recht darauf, dass über ihren Särgen nicht geheuchelt wird. Sprachlos, fassungslos darf man sein angesichts der zielgerichteten (also gar nicht blinden) Gewalt des Mordschützen Robert Steinhäuser. Aber so tun, als komme diese Gewalt von einem anderen Stern – das darf man, um der Opfer willen, nicht.

Nach dem, was jeder Lehrer, Sozialpädagoge, Polizist und hinreichend aufmerksame Elternteil über die seelische Verwahrlosung vieler junger Menschen in diesem Land weiß, muss es eher verwundern, dass derartiges Unheil nicht häufiger geschieht. Die Familien zerfallen – manche sichtbar, manche nur innerlich. Erwachsene haben immer weniger Zeit für Kinder. Deren Mediennutzung nimmt, mit elterlicher Duldung, gefährliche Formen an. Dazu dröhnt die Konsummaschine mit ihrer lauten Dauerbotschaft, dass nur der etwas ist, der etwas hat. Die Brutalisierung der Alltagskultur schreitet voran.

Die Ermordeten von Erfurt sind die Opfer eines sinnlosen, zynischen Zufalls geworden. Eine menschliche Zeitbombe hat sie in den Tod gerissen. Das hätte auch in Plön passieren können, oder in Mainz. Ähnliches ist geschehen in Meißen, Brandenburg, Freising, Bad Reichenhall. Wir müssen endlich fragen, welchen Anteil jeder Einzelne daran hat, dass solche Zeitbomben herumlaufen.

Doch genau da liegt das Problem. In zurechenbarer Weise verantwortlich für ein Kind oder einen Jugendlichen möchte kaum noch jemand sein. Es ist bezeichnend, dass die von Hillary Clinton popularisierte[2] Spruchweisheit, man brauche ein ganzes Dorf (It takes a village), um ein Kind großzuziehen, heute dermaßen gut ankommt. Das könnte uns so passen: Wenn das ganze Dorf erzieht, dann sind wenigstens nicht wir Eltern schuld, falls etwas schiefgeht. In Ermangelung eines Dorfes setzen wir auf staatliche Institutionen: Krippe, Kindergarten, Ganztagsschule. Nicht, dass diese Einrichtungen nicht notwendig und nützlich wären. Aber den Blick der Eltern in die Augen ihrer Kinder können sie nicht ersetzen. Berufspädagogen haben weder die Zeit, noch die Aufgabe, allzu sehr in ihre Schützlinge zu dringen. Wie es in deren Seelenlandschaft aussieht, können, müssen zuerst Eltern wissen. Einmischung ist „spießig".

Die reflexhafte Forderung nach mehr schulischer Nachmittagsbetreuung geht darum als Reaktion auf das Erfurter Massaker ebenso in die Irre wie die Sehnsucht nach technischen Lösungen für menschliche Katastrophen. Natürlich kann man versuchen, unübersichtliche Schulhöfe besser zu sichern, mit Zäunen und Pförtnerlogen, mit Metalldetektoren und Ausweispflicht. Aber wir wissen sehr wohl, dass ein entschlossener Täter diese Hindernisse überwinden kann. Und wir ahnen auch, dass wir konsequenterweise jedes Einkaufszentrum und jeden Badestrand gleichermaßen aufrüsten müssten. Solche Vorschläge sind, wie die Einführung einer altersgebundenen Chipkarte für Zigarettenautomaten, Zeichen der Kapitulation. Wir glauben einfach nicht mehr daran, dass in unserer Gesellschaft für jedes Kind wenigstens ein Erwachsener da ist, der die Verantwortung trägt. Dem das Kind vertraut – und sich verpflichtet fühlt. Der merkt, dass ein Zwölfjähriger raucht oder dass in einem Neunzehnjährigen tödlicher Hass und unvorstellbare Gefühllosigkeit wachsen. Und der die Unbequemlichkeit auf sich nimmt, darüber zu sprechen, zu streiten, für das Richtige zu kämpfen – nicht einmal, sondern dreißigmal, hundertmal.

Gewiss, es gibt viele Eltern, die ihre Kinder allein lassen, weil sie arbeiten müssen. Dazu tragen wir als Konsumenten übrigens bei, indem wir nach 24-stündiger, siebentägiger Verfügbarkeit von allem und jedem verlangen. Aber so richtig die Kritik an familienfeindlichen Arbeitszeiten ist: Sie wird zu oft als Entschuldigung bemüht. Allzu häufig findet in Familien, nicht nur in den unterprivilegierten, auch dann keine Kommunikation statt, wenn alle zu Hause sind. Die Bereitschaft zum Sicheinlassen, zum Miteinander schrumpft. Man ist doch froh, wenn die Kinder in ihrem Zimmer verschwinden, zum Fernsehen oder zum Spielen am Computer. Nette Computerspiele, in denen ein besonders schöner Zoo entsteht – und weniger nette wie Resident Evil oder Counterstrike, deren Ziel es ist, möglichst viele Menschen blutig niederzumetzeln.

Lange hat dabei eine apologetische[3] Wirkungsforschung die Eltern in ihrer Trägheit gehätschelt: Ein direkter Zusammenhang zwischen virtueller und realer Gewalt könne nicht nachgewiesen werden. Kein

---

[1] unheildrohendes Zeichen, ernster Warnruf
[2] in die Öffentlichkeit gebrachte
[3] verteidigende, rechtfertigende

Grund zur Sorge also, und erst recht nicht zum anstrengenden Eingriff in die Privatwelt der Töchter – und vor allem der Söhne, die eine hohe Affinität[1] zu den gewalttätigen Spielen und Videos zeigen. Was es für eine Gesellschaft moralisch bedeutet, wenn sie menschenverachtende Unterhaltung für normal hält, stand kaum zur Debatte. Und die moralische Verfassung der Kinder? „Mein Junge ist ein Waffennarr. Und er ist leicht auf die Palme zu bringen", soll die Mutter des Todesschützen und Counterstrike-Fans gesagt haben, so, als ginge es um einen ganz fremden Menschen. Sie wäre nicht die einzige Mutter in Deutschland, die redet, als hätte sie auf ihren Sohn oder ihre Tochter eigentlich keinen Einfluss. Die Freizeitgestaltung, die jugendlichen Subkulturen[2], die Selbststigmatisierung[3] durch Piercing und Ghetto-Mode, all dies wird nur selten infrage gestellt. Weil es Mühe machen würde, weil man Verbote durchsetzen und zeitaufwändige Alternativen anbieten müsste, auch, weil es als spießig gilt, sich „einzumischen". Unser Bequemlichkeitsliberalismus[4] ist hoch entwickelt: Die Kinder werden schon wissen, was gut für sie ist.

Sie wissen es nicht. Und wir liegen falsch, wenn wir ihre Coolness zum Nennwert[5] akzeptieren. Die Kinder sehnen sich nach jener Einmischung, die vor allem eins bedeutet: Zuwendung. Doch die wird ihnen tausendfach verweigert.

Die Schlussfolgerung: Warum soll man reden, wenn niemand zuhört? Warum Gefühle zeigen, die keinen interessieren? Warum sich an Regeln halten, die von den Erwachsenen nicht verteidigt werden? Das Schweigen zwischen Eltern und Nachwuchs muss aufhören. Und ebenso der fehlgeschlagene gesellschaftliche Großversuch, Verantwortung für Kinder überallhin zu schieben, um nur ja nicht diejenigen damit zu belasten, die allein verpflichtet und berechtigt sind, sie zu tragen.

Vielleicht markiert Erfurt in dieser Hinsicht einen Wendepunkt. Auch weil hier ein Mann selbstlos Verantwortung übernommen hat, in höchster Gefahr und unter Missachtung seines persönlichen Risikos. Von keinem Erwachsenen wird die seltene Tapferkeit des Geschichtslehrers Rainer Heise verlangt, der sich Robert Steinhäuser mit den Worten „Kannst mich erschießen, aber sieh mir dabei in die Augen" in den Weg stellte und ihn daran hinderte, noch mehr Menschen zu morden. Aber von jedem muss der Mut gefordert werden, an die Kinderzimmertür zu klopfen und mit seinem Kind zu reden. Ihm in die Augen zu sehen und auf den Bildschirm. Rechtzeitig.

Susanne Gaschke: Erfurt und die Folgen. In: DIE ZEIT, Nr. 19, vom 02.05.2002

---

[1] Nähe
[2] Gruppe innerhalb einer Gesamtgruppe
[3] selbsttätiges Zufügen von Wunden
[4] hier: Freizügigkeit aus Bequemlichkeit
[5] hier: als allgemeingültig, üblich

■ *Schreibe eine textgebundene Erörterung zu dem Artikel „Erfurt und die Folgen" von Susanne Gaschke.*

Rede von Bundespräsident Johannes Rau zum Gedenken an die Opfer des Mordanschlages, gehalten vor dem Dom zu Erfurt am 3.5.2002

Liebe Lehrerinnen und Lehrer, liebe Schülerinnen und Schüler, liebe Erfurterinnen, liebe Erfurter,

I.
in dieser Stunde gedenken wir der Opfer des schrecklichen Verbrechens vom vergangenen Freitag. Eine ganze Woche ist vergangen, aber das Entsetzen hat uns nicht verlassen.
Wir trauern um:

Heidrun Baumbach, Monika Burghardt, Birgit Dettke, Ivonne-Sofia Fulsche-Baer, Andreas Gorski, Rosemarie Hajna, Susann Hartung, Gabriele Klement, Hans Lippe, Ronny Möckel, Carla Pott, Heidemarie Sicker, Helmut Schwarzer, Hans-Joachim Schwertfeger, Anneliese Schwertner und Peter Wolff.

Schüler haben ihre Lehrer und Mitschüler für immer verloren, Lehrer trauern um ihre Kollegen, eine Schule um ihre Mitarbeiterin, Eltern fassen nicht den Tod ihrer Kinder, Polizeibeamte beklagen den Tod eines Kollegen.
In Familien, in Freundschaften, in Nachbarschaften, in ganz Erfurt hat der Tod eine furchtbare Spur gezogen und tiefen Schmerz gebracht.
Sie sind in Ihrer Trauer nicht allein. Die Nachricht hat in ganz Deutschland und in vielen Teilen der Welt Entsetzen, Trauer und Mitgefühl ausgelöst.
Wir sind ratlos. Wir haben nicht für möglich gehalten, dass so etwas bei uns geschieht.
Wir sollten unsere Ratlosigkeit nicht zu überspielen versuchen mit scheinbar naheliegenden Erklärungen.
Wir sollten uns eingestehen: Wir verstehen diese Tat nicht. Wir werden sie – letzten Endes – auch nie völlig erklären können.
Gewiss, wir möchten verstehen, was den Täter angetrieben, was ihn verführt, was ihn jeden menschlichen Maßstab hat verlieren lassen. Wir suchen nach Ursachen und nach Verantwortung. Wir möchten schnell wissen, welche Konsequenzen gezogen werden müssen, damit so etwas nicht wieder geschieht.
All das verstehe ich gut. An erster Stelle aber stehen heute die Trauer um die Opfer und das Mitgefühl für alle, die so plötzlich einen nahen Menschen verloren haben.

II.
Wir nehmen Abschied von der Schulsekretärin und von den Lehrerinnen und Lehrern, die für die Schülerinnen und Schüler, die ihnen anvertraut waren, ihr Bestes gegeben haben. Sie sind aus der Mitte des Lebens gerissen worden. Sie hinterlassen Ehepartner und Kinder, Eltern und Geschwister. Sie hatten Ziele und Träume, die sie verwirklichen wollten.
Wir trauern um die Schülerin und um den Schüler, die noch ganz am Anfang ihres Lebensweges standen und die sich auf das Leben gefreut haben. Wir trauern mit ihren Eltern und Freunden, die einen so plötzlichen und schrecklichen Verlust erlitten haben.
Wir nehmen Abschied von dem Polizeibeamten, der helfen und retten wollte und dabei von den Kugeln des Mörders getroffen wurde. Ihm und seiner Familie gehört unser Mitgefühl.
Wir denken an die Verletzten, an ihr Leid, ihren Schmerz und wir hoffen, dass sie wieder ganz gesund werden.
Opfer der furchtbaren Tat sind auch all die Schüler und Lehrer, die mitansehen und erleben mussten, was am vergangenen Freitag am Gutenberg-Gymnasium geschehen ist. Sie waren in Todesangst. Sie haben erleben müssen, wie einer der ihren, ein Schüler wie sie, zu einem Massenmörder geworden ist.
Meine Gedanken gehen auch zur Familie des Täters. Niemand kann ihren Schmerz, ihre Trauer und wohl auch ihre Scham ermessen. Ich möchte ihnen sagen: Was immer ein Mensch getan hat: Er bleibt ein Mensch.
Die ganze Stadt Erfurt schließlich, ihre Bürgerinnen und Bürger, wir alle werden von der Erinnerung an den vergangenen Freitag noch sehr lange Zeit geprägt sein.
Wo ist Trost, wo ist Hilfe in einem solchen Moment? Liebe Schülerinnen, liebe Schüler, Michaela Seidel, Eure Schulsprecherin, hat am vergangenen Sonntag gesagt: „Das ist es, was ich mir wünsche, was in allen Familien passiert: dass man einfach in den Arm genommen wird. Und das Gefühl hat, es ist jemand da, und du bist nicht allein."
Michaela hat Recht. Darauf kommt es an. Die Menschen in dieser Stadt werden gegenseitige Hilfe brauchen, Zuhören und Einander-Stützen. Nur dann können sie lernen, mit dem Ereignis zu leben, das wohl jeden Einzelnen in der Stadt erschüttert hat.

III.
Wir sind ratlos, und wir spüren, dass schnelle Erklärungen so wenig helfen wie schnelle Forderungen. Diese Stunde der Trauer ist aber auch eine Stunde der Besinnung.
In den Tagen nach der Untat haben wir gefragt: Wie kann ein Mensch so etwas tun? Viele aus der Umge-

bung des Täters haben gesagt: Wir kannten ihn eigentlich nicht sehr gut.

In diesem Satz zeigt sich eine Entwicklung unserer Gesellschaft insgesamt. Wir leben miteinander und kennen uns häufig nicht. Wir gehen miteinander zur Schule oder zur Arbeit und wir kümmern uns oft nicht um den anderen.

Wenn unsere Gesellschaft zusammenhalten soll, wenn unsere Familien, unsere kleinen Gemeinschaften, unsere Schulen, unsere Betriebe, unsere Vereine zusammenhalten sollen, dann müssen wir uns umeinander kümmern.

Wir brauchen zweierlei: Wir müssen einander achten und wir müssen aufeinander achten.

Wir müssen einander achten: Niemand darf abgedrängt werden, niemand darf an einen Punkt kommen, an dem er glaubt, sein Leben sei nichts wert, weil er in einem bestimmten Bereich nur wenig leisten kann, weil er „nichts bringt", wie man so sagt. Kein Mensch kann leben ohne Zuwendung, ohne Geborgenheit, ohne Liebe. Jeder ist wertvoll durch das, was er ist, und nicht durch das, was er kann. Wir müssen aber auch aufeinander achten: Es darf uns nicht gleichgültig sein, wenn unsere Freunde, unsere Schulkameraden, unsere Kinder, unsere Kollegen nicht mehr mitkommen, wenn sie Wege gehen, die ins Abseits führen, wenn sie aus der Wirklichkeit in die Scheinwelten von Drogen oder elektronischen Spielen flüchten.

Aufeinander achten, das heißt, einander mitnehmen, füreinander da sein.

Alle Menschen sind beeinflussbar – und junge Menschen ganz besonders. Zum Guten wie zum Bösen. Wir sind verführbar. Unser Handeln hat manchmal Ursachen, die wir selber nicht kennen.

Es gibt im menschlichen Handeln aber keinen Automatismus von Ursache und Wirkung. Es gibt eine letzte Verantwortlichkeit des Einzelnen für das, was er tut.

Es stimmt: Welche Ziele und Vorbilder wir angeboten bekommen – davon hängt vieles ab.

Es stimmt aber auch: Welche Ideale *wir selber* wählen und mit anderen teilen – auch davon hängt vieles ab.

IV.

Diese Stunde der Trauer und der Besinnung stellt uns vor viele Fragen. Einige Fragen gehen die ganze Gesellschaft an, uns alle:

Wie rücksichtslos ist oft unser alltäglicher Umgang miteinander? Was gilt der andere, der schwächer ist oder älter oder der nicht ganz so cool ist oder nicht ganz so fit? Wie viel Herabsetzung und Ausgrenzung mutet uns manche Werbung zu? Wie viel Gewalt steckt oft schon in der Sprache?

Haben wir uns nicht zu sehr daran gewöhnt, dass Gewalt, Hass und Hemmungslosigkeit nicht nur im Film und in Computerspielen selbstverständlich sind, sondern dass sie auch manche Talkshow und manche unserer Gespräche bestimmen?

Doch bevor wir allein den Medien die Schuld geben: Tragen wir nicht selber dazu bei, dass mit der Darstellung von Hass und Gewalt, dass mit menschlichem Leid hohe Einschaltquoten erzielt werden? Warum geht es in vielen Spielen immer darum, möglichst viele Gegner und Feinde zu töten und nicht darum, möglichst viele vor einer Gefahr zu schützen oder aus einer gefährlichen Situation herauszuholen?

Warum sind die Helden in so vielen Filmen eiskalt, unbeirrbar und ohne Mitleid?

Die Selbstkontrolle der Medien ist wichtig. Unsere eigene Selbstkontrolle ist aber noch wichtiger. Wir müssen uns gegen die Verrohung unserer Gesellschaft wehren – und diesen Kampf muss jeder bei sich selber beginnen.

V.

Unsere Kinder und unsere Schüler brauchen eine lebendige Fantasie, die sie zu selbstbestimmten und selbstbewussten Menschen werden lässt. Sie dürfen aber nicht in die Gefangenschaft künstlicher Welten geraten, aus der sie nicht mehr herausfinden.

Die modernen Kommunikationsmedien sind unverzichtbar. Schulen brauchen aber mehr als den Anschluss ans weltweite Netz. Schüler brauchen lebendige, erfahrbare Netze, die sie halten; sie brauchen Netzwerke aus Mitmenschlichkeit und Interesse am anderen.

Unsere Kinder und Schüler müssen sich aneinander messen. Sie müssen lernen, Konkurrenz auszuhalten. Ohne Leistung, ohne Leistungsbereitschaft wäre jede Schule wirklichkeitsfremd. Immer muss aber klar sein, dass die Beurteilung einer Leistung kein Urteil über eine Person ist. Kein Schüler, kein Mensch ist ein hoffnungsloser Fall.

Schulen dürfen nicht zu Orten der Angst werden – weder für Schüler, noch für Lehrer. Ich danke allen Lehrerinnen und Lehrern in ganz Deutschland für die großartige und engagierte Arbeit, die so viele von ihnen leisten. Manchmal tun sie das unter ganz schwierigen Bedingungen. Sie sorgen dafür, dass ihre Schule ein Ort ist, an dem man lernen kann, in Achtung voreinander zusammen zu arbeiten und zu leben.

Keiner glaube, wir könnten den Kampf gegen Gewalt, Aggression und Hass allein an die Schulen delegieren. Da sind wir alle gefordert.

Wir dürfen unseren Kindern nicht vorgaukeln, die Welt sei heil. Aber wir sollten in ihnen die Zuversicht wecken, dass die Welt nicht unheilbar ist.

Kinder brauchen die Erfahrung, dass sie Konflikte lösen, dass sie Enttäuschungen überwinden können und dass Anstrengungen sich lohnen.

Wer dieses Vertrauen mit auf den Weg bekommen hat, der wird auch als Erwachsener den Mut haben, Schwierigkeiten anzugehen und nach vernünftigen Lösungen zu suchen.

Unser Zusammenleben darf nicht zu einem erbarmungslosen Konkurrenzkampf werden. Eine menschenfreundliche Gesellschaft lebt von gegenseitiger Hilfe, von Solidarität mit den Schwachen, von der Aufmerksamkeit füreinander. Zeit füreinander haben: Das gehört zum Kostbarsten, was wir uns schenken können. Nur so schaffen wir eine Gesellschaft, in der wir selber gerne leben.

VI.

Ich wünsche allen, die am vergangenen Freitag einen nahen Menschen verloren haben, dass sie Menschen haben oder finden, die sie begleiten, die ihnen zuhören, die ihnen helfen, die nächsten Schritte im Leben zu tun. Ich wünsche Ihnen allen, dass Sie Quellen des Trostes finden auf dem schweren Weg, der noch vor Ihnen liegt, und dass Sie neue Zuversicht gewinnen können.

Lassen Sie uns gemeinsam innehalten in Schmerz und Trauer.

Lassen wir einander nicht allein.

Quelle: www.bundespraesident.de, Reden und Interviews (2007)

Mobbing und der Weg heraus

> Gewalt fängt für mich schon beim Mobben an. Man kann einem Menschen oft seelisch größeren Schaden zufügen als körperlich. (Vera, 15)

„Mobbing" ist ein Begriff, der fast schon modern geworden ist. Jedes Ärgern und jede Form psychischer Gewalt wird als Mobbing betitelt. Das ist eigentlich nicht korrekt. Ursprünglich wurde dieser Begriff für ein Phänomen genutzt, das in der Arbeitswelt entdeckt wurde. „Mobbing bezeichnet Psychoterror von mehreren Menschen, der sich wiederholt und mindestens über ein halbes Jahr gegen eine Person richtet." So definieren es die Wissenschaftler. Doch egal, was die Wissenschaftler meinen. Die helfen einem nicht, wenn man seit Wochen fertiggemacht wird, und angenehmer ist Psychoterror auch nicht, nur weil man es eigentlich noch nicht Mobbing nennen darf.

Zwar wurde dieses Phänomen in der Arbeitswelt entdeckt, es lässt sich aber ohne Probleme auf alle Einrichtungen übertragen, in denen Menschen unfreiwillig über eine längere Zeit zusammen sein müssen. Und natürlich gibt es Mobbing auch in der Schule. Allerdings ist es hier nicht so erforscht wie in der Wirtschaft. Der Grund dafür liegt wohl darin, dass sich die Folgen bei Mobbing in der Wirtschaft in Euro errechnen lassen. Sie sind ein Kostenfaktor, der möglichst gering gehalten werden soll. Mobbing in der Schule scheint nichts zu kosten. Dass durch Mobbing auch bei Schülern gesundheitliche und seelische Probleme entstehen, wird erst langsam zur Kenntnis genommen.

Nach außen am deutlichsten sichtbar sind sinkende Schulleistungen oder sogenannte somatoforme Krankheiten. (Eine Erkrankung gilt dann als somatoform, wenn sie körperlich oder organisch eigentlich nicht zu erklären ist, ihre Ursachen in der Psyche zu finden sind oder aber zumindest eine Störung der Psyche und des Körpers zusammen auftreten und vielleicht sogar zusammenhängen.) Typisch können sein: Kopfschmerzen, Konzentrationsstörungen, Schlafstörungen, Magen-Darm-Entzündungen, Muskelverspannungen und eine Schwächung der Abwehrkräfte des Körpers gegen Infektionskrankheiten und Erkältungen. Mobbing kann bis hin zu schweren Depressionen führen und manche sehen als Ausweg schließlich nur noch Selbstmord.

Mobbing oder Psychoterror in der Schule hat natürlich auch Einfluss auf das Sozialverhalten, also darauf, wie Betroffene mit anderen umgehen. Viele Mobbingopfer meiden den Kontakt zu anderen, werden zu Einzelgängern, sind schnell gekränkt oder trauen sich nicht mehr, in Gruppen etwas zu sagen. [...]

Manche Jugendliche, die in der Schule gemobbt werden, gehen auch in die Offensive. Sie werden bei der leisesten Kritik aggressiv oder sogar gewalttätig, drängen sich in den Mittelpunkt und tun ihr Möglichstes, um von Erwachsenen oder anderen Jugendlichen, die hohes Ansehen genießen, anerkannt zu werden. Häufig wird auch versucht, über teure Klamotten und andere Statussymbole bei anderen Eindruck zu schinden. Dieses Verhalten legen aber nicht nur manche Mobbingopfer an den Tag, sondern auch die, die befürchten, Mobbingopfer werden zu können.

Wenn der Psychoterror von einer Person ausgeht, die dem Opfer vom sozialen Status her überlegen ist, wie etwa von einer Vorgesetzten oder einem Lehrer, ist die korrekte Bezeichnung nicht Mobbing, sondern „Bossing". Wo dieser Begriff herkommt, kannst du dir sicher denken. Die Auswirkungen für die, die darunter leiden, können jedoch genau dieselben sein.

Die Opfer stehen einer Mischung aus offener oder verdeckter Ablehnung, Ignoriertwerden, psychischer und manchmal auch physischer Gewalt gegenüber. Gemobbt werden in der Regel Menschen, die anders sind als der Rest der Gruppe, oder solche mit wenig Selbstvertrauen. Mobbing kann auch eine Spielart von Rassismus oder Sexismus sein. Die Täter richten sich aber auch gegen Behinderte oder sozial Schwache. Manchmal haben Außenstehende sogar das Gefühl, dass das Opfer die Attacken verdient hat, weil es sich besonders ungeschickt oder tollpatschig verhält, in einer Tour schleimt oder angibt. Wen die Gruppe doof oder uncool findet, der ist raus, und das Mobbing kann beginnen.

Tamara z. B. gibt ständig mit ihren Klamotten an. Sie wird von den anderen gemieden. Niemand will mit ihr zu tun haben. Weil aber niemand so richtig mit ihr zu tun haben will, versucht Tamara ihre Vorzüge besonders herauszustellen. In ihren Augen sind dies ihre tollen Klamotten, die sie auch gerne zeigt und über die sie ständig redet. Sie möchte mal Modedesignerin werden. Die anderen empfinden ihr Verhalten mehr und mehr als Angeberei.

So oder ähnlich stellt sich der Kreislauf für viele Opfer dar. Ausgerechnet die Eigenschaft, die als Stein des Anstoßes gilt, versuchen sie zu nutzen, um sich aus dieser misslichen Situation zu retten. Da ist es keine Seltenheit, dass als „Schleimer" Verrufene probieren, sich dadurch beliebt zu machen, indem sie zu allen Menschen nett sein wollen und besonders nett zu denen, bei denen sie das Gefühl haben, dass sie nicht besonders von ihnen gemocht werden. Menschen, die als Schussel oder Tollpatsch gelten, versuchen nun, besonders gut zu sein und alles richtig zu machen, machen aber vor lauter Aufregung wieder alles falsch. Das Urteil der Gruppe dürfte klar sein. Es ist schwer, sich einer solchen Rolle zu entledigen, aber nicht unmöglich.

Schwieriger ist die Sache für die, die keinen Einfluss auf die Eigenschaft haben, die sie von den anderen unterschiedlich erscheinen lässt, wie etwa Behinderte, Ausländer, Kleinwüchsige, Dunkelhäutige etc. Diese Menschen können versuchen, ein gesundes Selbstbewusstsein aufzubauen und damit zu leben, dass sie anders sind als die anderen.

Sascha Krefft: Austeilen oder einstecken? Wie man mit Gewalt auch anders umgehen kann. München: Kösel Verlag 2002, S. 37–41

Anregungen für den Fragebogen Mobbing

Warst du in den letzten 12 Monaten einer oder mehreren der folgenden Handlungen ausgesetzt?

1. In Bezug auf deine Kontakte

1. Mitschüler hindern mich daran, andern etwas mitzuteilen.
2. Mitschüler unterbrechen mich ständig, wenn ich etwas sagen will.
3. Mitschüler lassen mich nicht zu Wort kommen.
4. Ein Lehrer, eine Lehrerin hört mir nicht zu oder lässt mich nicht ausreden.
5. Ich werde von Mitschülern angeschrieen.
6. Ich werde vom Lehrer/der Lehrerin angeschrieen.
7. Was ich sage oder mache, wird ständig von Mitschülern kritisiert.
8. Meine Arbeit wird ständig von Lehrern kritisiert.
9. Ich werde wegen meiner Familie, der Freizeitgestaltung oder Hobbys kritisiert.
10. Ich werde am Telefon belästigt.
11. Ich werde mündlich bedroht.
12. Andere zeigen mir abwertende Blicke oder Bewegungen.
13. Andere machen Andeutungen, ohne etwas direkt auszusprechen.
14. Ein Lehrer, eine Lehrerin nimmt meine Bereitschaft zur Mitarbeit bewusst nicht zur Kenntnis.
15. Mitschüler wollen nicht mit mir zusammenarbeiten.

2. Du wirst von anderen abgelehnt.

16. Mitschüler sprechen nicht mit mir.
17. Mitschüler wollen nicht von mir angesprochen werden.
18. Ich werde von Mitschülern von meinem Platz verdrängt.
19. Mitschülern wird von anderen Mitschülern verboten, mit mir zu sprechen.
20. Ich darf nicht an den Spielen der anderen teilnehmen.
21. Ich werde von anderen wie Luft behandelt.
22. Ich werde schriftlich bedroht.

3. Andere verlangen von dir Sachen, die du als kränkend empfindest.

23. Ich muss andere bedienen, ihre Hausaufgaben machen usw.
24. Ich muss Sachen hergeben, die mir gehören.

4. Angriffe auf dein Ansehen, das du bei anderen hast

25. Mitschüler sprechen hinter meinem Rücken schlecht über mich.
26. Eine Lehrkraft äußert sich herabsetzend über mich.
27. Mitschüler machen mich vor anderen lächerlich.
28. Eine Lehrkraft macht mich vor anderen lächerlich.
29. Mitschüler erzählen Gerüchte oder Lügen über mich.
30. Mitschüler sagen zu mir, ich sei dumm, nicht o.k. usw.
31. Eine Lehrkraft sag zu mir, ich sei dumm, unbegabt usw.
32. Jemand macht mich nach, um mich lächerlich zu machen.
33. Jemand macht meine Familie oder Herkunft schlecht oder lächerlich.
34. Jemand macht sich wegen meines Aussehens oder meiner Kleidung über mich lustig.
35. Eine Lehrkraft beurteilt mich ungerecht oder benachteiligt mich in den Noten.
36. Jemand ruft mir Schimpfworte oder kränkende Spitznamen nach.
37. Jemand verlangt von mir mich selbst erniedrigende Handlungen (vor anderen knien, Füße küssen usw.)

5. Du erlebst Gewalt oder Gewaltandrohung.

38. Ein(e) Lehrer(in) zwingt mich trotz schlechter Gesundheit zu (Klassen-)Arbeiten.
39. Mitschüler droht mir mit körperlicher Gewalt.
40. Eine Lehrkraft droht mir mit körperlicher Gewalt.
41. Ein(e) Mitschüler(in) wendet leichtere Gewalt gegen mich an.
42. Eine Lehrkraft wendet leichtere Gewalt gegen mich an.
43. Ich werde von Mitschüler(inne)n misshandelt.
44. Ich werde von einer Lehrkraft geschlagen.
45. Jemand nimmt mir Sachen weg, um mir zu schaden.
46. Jemand richtet Schaden an meinem Eigentum an (Kleidung, Fahrrad...)

Kasper, Horst: Schülermobbing – tun wir was dagegen! Der Smob-Fragebogen mit Anleitung und Auswertungshilfe und mit Materialien für die Schulentwicklung. AOL Verlag 2002, S. 4–6

Zusatzmaterial

4
Screenshots von Counterstrike

Anregungen für den Fragebogen Virtuelle Gewalt

Diskussionsbeiträge

„[…] Über das Internet spielen überwiegend jugendliche Spieler in Terror- und Antiterrorgruppen – nach Angaben des Herstellers sind zu jeder beliebigen Zeit 500.000 Spieler eingeloggt. Es geht um die Besetzung von Gebäuden, die Sprengung von Fahrzeugen, um die Befreiung von Geiseln – oder, wenn man die Gegenseite spielt – um deren Gefangennahme.
5 Das Waffenarsenal ist gewaltig, der Munitionsvorrat, eine prekäre Ressource, muss immer wieder aufgestockt werden. Robert Steinhäuser war, wie seine Mitschüler berichten, ein begeisterter ‚Counterstrike'-Spieler.
Und das Spiel, in dem man vom Polizisten (sogar die GSG) über den Passanten bis hin zum Schulmädchen jeden erschießen soll, ehe man selbst erschossen wird, liefert einen Hand-
10 lungscode für Erfurt […]."

Dr. Frank Schirrmacher in der Frankfurter Allgemeinen Sonntagszeitung vom 28.04.2002

„Warum sind immer die Ego shooter schuld? Weil es am einfachsten ist, ‚etwas Brutales' fertigzumachen. In jeder Zeitung werden Bilder von der amerikanischen Version gezeigt (Bsp. Soldier of fortune uncensored). Dieses Spiel kriegt man nirgends mehr unzensiert in Deutschland – aber warum zeigen alle Zeitungen ausgerechnet diese Bilder? Damit die Hirnfutzies,
5 die BILD lesen, Angst kriegen, weil es so brutal aussieht, und dann für den mehr Stimmen abgeben, der der Zeitung irgendwie Geld zugeschoben hat oder weiß ich was!
Auch diese sogenannten ‚Psychologen', die man im Fernsehen erleben kann, sind für mich nur bezahlte Schauspieler, die erzählen, was die ängstliche Menge hören will."

Beitrag auf www.warcraft.de (2002), Fehler wurden nicht bereinigt

---

„Wie viele Leute spielen CS? Millionen. Sind das (wir) alles potenzielle Amokläufer?"

Beitrag auf www.warcraft.de (2002)

„Ein Idiot baut Scheiße und die ganze Gamer-Szene wird wieder in die Scheiße gezogen."

Beitrag auf www.counterstrike.de (2002)

„Ich kenne mindestens 50 Leute, die ständig Zugang zu Waffen und Munition haben und cs spielen und ich habe noch keinen davon Amok laufen sehen.
Wieso schieben die es immer auf Computerspiele, wenn ein Idiot mit zu wenig Mutterliebe ausrastet?"

Beitrag auf www.counterstrike.de (2002)

Klassenarbeitsvorschläge

Da das vorliegende Unterrichtsmodell sowohl analytische als auch produktionsorientierte Verfahren vorsieht, bieten sich analytische und produktionsorientierte Aufgabenvorschläge auch für Klassenarbeiten an. Sie können je nach Zeitpunkt und Schwerpunktsetzung der Unterrichtsarbeit ausgewählt oder miteinander kombiniert werden.

1. Morton Rhue hat seinem Roman „Ich knall euch ab!" folgende Sätze vorangestellt.
   „Die Geschichte in diesem Buch ist erfunden. Nichts – und alles – daran ist wirklich passiert."
   (S. 8)
   Erkläre, was der Autor damit meint.

2. *Analysiere Brendans Abschiedsbrief auf S. 120 f. unter besonderer Berücksichtigung der darin verwendeten Sprache.*

3. *Analysiere Garys Abschiedsbrief auf S. 105 f. unter besonderer Berücksichtigung der persönlichen Entwicklung Garys.*

4. *Auf S. 118 schildert Beth Bender eine Szene in der Turnhalle:*

   „Und dort stand Allison. Sie hielt die Hände hoch und blinzelte in das grelle Licht. Brendan lachte auf. Ich glaube, er hat etwas gesagt wie: ‚Wow, das ist ja eine tolle Überraschung!' Aber Gary hat Allison nur immer wieder gefragt, was sie da zu suchen habe. Er war richtig wütend."

   Verfasse einen inneren Monolog Garys, der seine Gefühle in diesem Moment der Geiselnahme reflektiert.

5. *Erläutere die Funktion der sprachlichen Gestaltung des Romans „Ich knall euch ab!" von Morton Rhue an ausgewählten Textpassagen.*

6. „Killerspiele animieren Jugendliche, andere Menschen zu töten."

   Erörtere diese These von Bayerns Ministerpräsident Edmund Stoiber (CSU) aus dem Jahr 2006.

7. *Sebastian B., der an der Geschwister-Scholl-Realschule in Emsdetten Amok lief, hinterließ in seinem Abschiedsbrief auf seiner Homepage folgende Worte:*

   „Ihr habt diese Schlacht begonnen, nicht ich. Meine Handlungen sind ein Resultat eurer Welt, eine Welt, die mich nicht sein lassen will, wie ich bin. Ihr habt euch über mich lustig gemacht, dasselbe habe ich nun mit euch getan, ich hatte nur einen ganz anderen Humor!"
   Vgl. Bild-Zeitung vom 21. November 2006

   Erkläre mithilfe ausgewählter Textpassagen aus dem Roman „Ich knall euch ab!" von Morton Rhue, was Jugendliche dazu veranlassen kann, eine vergleichbare Einstellung zu entwickeln.